数学教学的模式与方法研究

范秀玲 著

哈尔滨出版社
HARBIN PUBLISHING HOUSE

图书在版编目（CIP）数据

数学教学的模式与方法研究 / 范秀玲著．-- 哈尔滨
：哈尔滨出版社，2023.3
　　ISBN 978-7-5484-7116-5

Ⅰ．①数… Ⅱ．①范… Ⅲ．①中学数学课－教学研究
－初中 Ⅳ．① G633.602

中国国家版本馆CIP数据核字（2023）第 049467 号

书　　名：	**数学教学的模式与方法研究**
	SHUXUE JIAOXUE DE MOSHI YU FANGFA YANJIU
作　　者：	范秀玲　著
责任编辑：	张艳鑫
封面设计：	张　华
出版发行：	哈尔滨出版社（Harbin Publishing House）
社　　址：	哈尔滨市香坊区泰山路 82-9 号　邮编：150090
经　　销：	全国新华书店
印　　刷：	廊坊市广阳区九洲印刷厂
网　　址：	www.hrbcbs.com
E - mail：	hrbcbs@yeah.net
编辑版权热线：	（0451）87900271　87900272
开　　本：	787mm×1092mm　1/16　印张：9.75　字数：210千字
版　　次：	2023年3月第1版
印　　次：	2023年3月第1次印刷
书　　号：	ISBN 978-7-5484-7116-5
定　　价：	76.00 元

凡购本社图书发现印装错误，请与本社印制部联系调换。

服务热线：（0451）87900279

前　言

　　初中数学教育教学是学校教育的重要组成部分，在教育学生、发展学生思维能力和动手操作能力等方面都起着至关重要的作用。为适应现代社会的发展需求、紧跟课改步伐，人们对数学教育教学的要求越来越高。新课改革的实施，顺应了时代的要求，吸取了以人为本主义的教育理念，客观、公平、公正的教育理念，以及培养个性发展的教育理念等。但初中数学的教育教学关键在于教师的观念能否得到真正转变，对教材的设计意图能否真正领会。就笔者的几年教育教学经验，谈谈几点自己的见解。

　　在初中数学教学过程中，教师常常会使学生自己组成小组，在小组中讨论问题，但是，在讨论中常常不思索层次性，学生没有充足的学习时间，常常是把时间花费在讨论问题中，教学效果不明显。虽然整个课堂气氛比较活泼，但是，实际为一盘散沙。另外，在讨论的过程中，教师假如没有布置教学任务，协作学习只是一个简单的讨论过程，并不能巧妙地和数学学问结合在一起。这样一来，将协作学习方式化。

　　培养学生自主探究能力尤为重要。学生在动手操作的同时，更注重让学生用数学思维思考。通过学生动手操作、动脑思考，自主获取知识，让学生亲自体验探索的滋味和数学思维过程。哈佛大学师生中也流传着一句名言："教育真正的目的就是让人不断提出问题，思考问题。"科学史上的每次重大发现也都是从问题开始的，牛顿发现万有引力是从"苹果为什么会落地"这一问题开始的，弗莱明发现青霉素是从"为什么霉菌菌落的周围不长细菌"开始的。由此可见，学生能否提出问题，是否具备问题意识非常重要，它是提升学生综合素质的重要组成部分。

　　改善教学环境，丰富学生的学习生活，让学生从课堂上学习到的是解题思路和方法，而不是一道题的最终答案，这样学生在自己完成题型的时候，他们更愿意去探究与思考，而正是由于学生有了这种主动性，学生才能够更好地学习数学，解决数学问题。

目 录

第一章 初中数学教育 ... 1

第一节 初中数学教育问题 ... 1

第二节 初中数学教育思想方法 ... 3

第三节 初中数学教育中的研究性学习 ... 5

第四节 初中数学教育的素质化方向 ... 7

第五节 初中数学教育和数学改革 ... 9

第六节 数学化思想与初中数学教育 ... 11

第七节 初中数学教育教学课堂的有效性 ... 14

第二章 初中数学教育的内容 ... 17

第一节 初中数学素质教育的内容 ... 17

第二节 初中数学核心素养教育内容 ... 19

第三节 初中阶段数学差点教育内容 ... 21

第四节 初中数学的课程内容和教材教法 ... 23

第五节 初中数学教学心理教育内容 ... 25

第三章 初中数学教学模式创新 ... 28

第一节 互联网与初中数学教学模式 ... 28

第二节 以人为本与初中数学教学模式 ... 30

第三节 智慧课堂与初中数学教学模式 ... 32

第四节 数学意识与初中数学教学模式 ... 36

第五节 学为中心与初中数学教学模式 ... 38

第六节 思维导图与初中数学教学模式 ... 40

第七节 翻转课堂与初中数学教学模式 ... 42

第八节 生本理念与初中数学教学模式 ... 44

第四章 初中数学教学方法创新 ·· 47
第一节 初中数学分层教学方法 ·· 47
第二节 初中数学情景教学方法 ·· 50
第三节 初中数学情感教学方法 ·· 53
第四节 初中数学案例教学方法 ·· 55
第五节 初中数学建模教学方法 ·· 57
第六节 初中数学支架式教学方法 ·· 60
第七节 初中数学探究式教学方法 ·· 65

第五章 初中数学课堂教学创新 ·· 68
第一节 初中数学课堂分层教学 ·· 68
第二节 初中数学课堂教学的有效性 ·· 71
第三节 初中数学课堂教学过程优化 ·· 75
第四节 初中数学课堂教学改革的意义 ·· 76
第五节 初中数学课堂教学问题设计 ·· 78
第六节 初中数学课堂教学案例 ·· 80
第七节 初中数学课堂教学艺术 ·· 83
第八节 初中数学课堂教学应"三餐"齐备 ·· 85
第九节 初中数学课堂教学中的师生互动 ·· 87

第六章 初中数学教学中学生能力的培养 ·· 90
第一节 初中数学教学中提问能力的培养 ·· 90
第二节 初中数学教学中解题能力的培养 ·· 92
第三节 初中数学教学中应用能力的培养 ·· 94
第四节 初中数学教学探究能力的培养 ·· 95
第五节 初中数学教学中数学思维能力的培养 ······································ 98
第六节 初中数学教学中学生数学阅读能力的培养 ·································· 99
第七节 初中数学教学中学生自主学习能力的培养 ·································· 102

第七章 初中数学教学的实践应用创新 ·· 106
第一节 问题导向教学法在初中数学教学中的应用 ·································· 106

第二节	小组合作学习在初中数学教学中的应用	108
第三节	导学互动模式在初中数学教学中的应用	110
第四节	信息技术在初中数学教学中的应用	114
第五节	微课视频在初中数学教学中的应用	116
第六节	创设情景教学在初中数学教学中的应用	118
第七节	数形结合思想在初中数学教学中的应用	120
第八节	建构主义学习理论在初中数学教学中的应用	122
第九节	电教化在初中数学教学中的应用	124

第八章　初中数学教学评价创新　127

第一节	课堂教学改革中初中数学教学评价	127
第二节	新课程标准下初中数学教学评价	128
第三节	初中数学教学中发展性评价	131
第四节	初中数学课堂教学中巧用多元评价	133
第五节	初中数学课堂教学中巧用有效性评价	135
第六节	初中数学教学中对学生发展性评价	137
第七节	初中数学教学中研究性学习的评价	139
第八节	初中数学教学中对学生分层评价	141
第九节	初中数学课堂教学中的教师评价	143

参考文献　146

第一章　初中数学教育

第一节　初中数学教育问题

　　部分学生对数学学习兴趣不高，理论和实际结合能力较差。笔者针对初中数学教育中常见的问题进行了分析，旨在提高学生学习数学的兴趣。在初中数学教育中制订合理的教学计划非常必要，同时鼓励学生家长也参与其中，提高学生学习数学的能力。

　　数学教育在初中教育过程中有非常重要的作用，在初中阶段就应该培养学生的逻辑能力、思考能力，在教育过程中进行引导式的教育，引导学生学会独立思考。课程在不断改革，目前初中数学教育也在不断发展，并且应用了许多新方法以及新技术进行创新教育，要结合学生自身的特点和实际情况进行教学，对每一个学生进行针对性的教育教学。

一、初中数学教育中的问题

（一）学生参与意识弱

　　帮助学生参与到数学课堂之中，能够大大地提高学生的学习水平。课堂太枯燥，对学生的积极性有着巨大的影响。数学知识相对其他知识来说比较抽象，初中生很难理解所学的知识点，然而，现在的教学大多没有采用数形结合的思想和多媒体技术，因此课堂比较枯燥。在初中阶段，大多数学生上课回答问题不够积极。

（二）脱离实践

　　数学的实践性非常强，除去考试以外，学生还要做到把所学知识应用到实际中，把所学知识应用到实际生活中，考查学生所学的数学知识，不能只局限于考试，要看学生在平时生活之中对所学数学知识的使用。当前教育还面临着诸多问题，老师传授的内容太理论化，学生只是单纯背诵和记忆知识点，有些知识点只是生硬地教给学生，并没有考虑学生是否能接受这些知识，因此，导致数学教育还存在许多问题，与实际脱离的数学教育没有太大的意义。

（三）学生基础较弱，学习数学的兴趣不大

　　兴趣是最好的老师，只有让学生时刻保持学习数学的兴趣，这样才能调动学生的积极

性。在学习过程中，因为老师的教学理念太陈旧，对理论知识看得过重，在教学过程中不使用多种数学手段以及先进的技术，传授知识的过程太过枯燥，致使学生的学习热情不高。初中阶段学生的自主学习能力较差，因此学习时不能做到主动思考问题，缺少学习的主动性以及积极性。

二、初中数学教育策略的分析

（一）拟订合理的教学计划

合理的教学计划可以更有效地提高教学水平，教学过程中要制订科学、合理的计划，这样可以解决教学过程中出现的多数问题。制订教学计划和确定教学的目标时一定要以素质教育理念为主。第一，学生作为主体，老师在教育过程中主要为学生解答疑惑，引导学生走向正确的思考方向，而不只是单纯地把解答问题的过程告诉学生，要让学生学会分析知识以及深层次地理解知识。在教育过程中不能只注重起始成绩，而要把培养学生的综合能力放在第一位。给学生讲解知识点时不仅要加强基础知识的讲解，同时还要锻炼培养学生的实践能力，在进行课程安排时，要多安排一些实践科目，这样可以让学生对所学知识掌握得更加牢固，灵活运用上课时学到的知识。

（二）改变传统教育模式

在教育过程中不断创新，引导学生自主提出问题，重点锻炼学生的思维能力。在教育过程中帮助学生从原有的传统思想中走出来，不只是单纯地学会解决一个问题或一类问题的方法。比如，在教学时要和实际相结合，把生活中的一些例子和数学相结合，进而提高学生的积极性，大大加深对所学知识点的理解。比如，讲解方程问题的时候，教师就可以结合学生平时生活来讲解方程问题。根据生活中的一些小事情，列出合理的方程，计算出最合理的方案。这样可以大大地提高学习效率，增强课堂氛围。

（三）进行多媒体教学

在目前的教育过程中，多媒体的使用十分广泛，使用多媒体可以大大提升课堂的趣味性，把部分比较复杂、抽象的问题具体化、简易化，这样可以让学生更加深层地了解发现问题。在进行初中数学教育时，要多使用多媒体技术、幻灯片、计算机系统和计算机设备等，从而使数学知识更加丰富多彩。比如，教学生几何问题时，就能够利用多媒体来讲解几何的对称关系以及对称的变化情况，多媒体的使用可以让学生对几何有一个更加清晰的认识，学生也可以更好地掌握几何之间的关系，帮助学生在初中阶段就建立一个非常好的立体思维。

三、鼓励学生家长参加，创造良好的学习环境

老师可以使用QQ、微信等社交软件建立一个聊天群，时刻关注学生的情况，老师和

家长可以在群里互动和交流。

学习环境不仅仅固定在学校，在平时的生活中同样能够学到很多知识。生活原本就是一本学不完的教科书。

总之，数学在初中教育阶段是一门比较重要的科目，在教育过程中要踊跃创新，改变传统的教育理念，将多媒体和新型的教学模式结合起来，改变沉闷的课堂氛围，提高教学水平。

第二节 初中数学教育思想方法

在初中阶段的数学学习中，数学思想和方法的渗透是一项核心内容，因此，在教学过程中如何实现这个渗透就是需要深思的问题，本节就这个问题进行简单讨论和分析。

弗朗西斯·培根曾经说过："数学是科学大门的钥匙，忽视数学必将伤害所有的知识，因为忽视数学的人是无法了解任何其他科学乃至世界上任何其他事物的。"简而言之，数学是精练的智慧和科学，其重要性和意义可见一斑。初中阶段的数学已经不再是小学阶段数学中的基础学习，这个阶段的数学教学需要实现更高的教学目标，学生的数学学习也就不再像小学阶段一样以培养兴趣为主，而是需要学生更加切实地掌握一些数学方法和数学思想。本节就初中数学教学中思想方法的渗透问题从意义和策略两个方面进行讨论。

一、数学教学中思想和方法渗透的意义

（一）理论意义

我们常常会对一个问题进行思考：我们到底要从数学教学中教给学生什么呢？难道就是为了让学生在考试中取得一个理想的分数吗？答案很显然，并不是仅仅如此。数学思想和方法如果在教学中可以很好地传达给学生了，那么不仅对于学生长远的数学学习有着巨大的助益，更有价值的地方就是对学生看待问题的方式和角度也会有着积极的引导作用，而这个引导作用不仅仅表现在数学学习中，还有其他学科以及日常生活中。正如日本数学教育家米山国藏所说的：学生对于数学，只有那些"深深铭刻在头脑中的数学的精神、数学的思维方法、研究方法、推理方法和看问题的着眼点等随时随地发生作用，使他们终身受益"。

并且，在初中数学课程标准中也明确指出了，学生在初中数学学习中要"初步学会运用数学的思维方式去观察、分析现实社会，去解决日常生活中和其他学科学习中的问题，增强应用数学的意识"。以上都是数学思想和方法渗透的理论意义。

（二）现实意义

数学教学的意义并不止于追求数学考试成绩。我们必须明确数学教学思想和方法的渗

透不仅是要实现长久的对学生的影响，最实际的表现自然还是要体现在考试成绩上。并且，初中学生要面对的中考也是一个在学习阶段有着重大影响的考试，数学成绩在其中又占了一个较大的比重，并且还是一个重点、难点科目。

考试是一种教学、学习的检验和反映，我们应该正视考试的作用，并且积极面对，尽管当前的考试制度存在一些不足，却是一种良好的检验方式。因此，教学思想和方法的渗透对于学生和老师来说最直接的表现就是面对考试时可以更有效地帮助学生解答试题，就算遇到一些难度较大的题目，只要数学思想和方法真正被理解，那么考试也会变成一件充满挑战乐趣的事情而不是负担，那么考试成绩的提高也就是一个必然的结果，这就是其最直接的现实意义。

二、数学教学中思想和方法的渗透策略

（一）利用教材，讲授基本数学思想和方法

教材是学习计划的一个重要依据，什么阶段应该进入什么难度和阶段的学习都是需要经过许多教育工作者总结和思考，进而综合成了教材。教材中的内容安排是不一样的数学思想和方法的体现，并且，课堂时间是学习的黄金时段，学生在这个时段内如果可以很好地理解老师的思路和方法，那么整节课的目标也就达到了。因此，老师在上课时应该注意充分地利用教科书，在讲课中结合教材内容明确传递数学思想和方法，让学生能基本掌握这些数学思想和方法。

比如说，在七年级上册的课本中有一元一次方程和合并同类项的内容，这个内容其实是比较简单的初中数学代数知识点。但就是在简单的知识点中如果可以有效地传递数学思想和方法，那么在后面难度加大的知识中就可以更加简单地指引学生思考。数学老师在这个过程中可以交给学生的就是在一个代数式子中要注意观察，然后重视归纳，这就是合并同类项的一个重要思维方式和解题方法。

（二）结合训练，深化数学思想和方法的运用

教材是一个讲解基础思维和方法的媒介，但数学教材上的例题和讲解显然是不足以让学生完全熟练学会运用这些思维和方式的，并且数学的学习也离不开演练和计算。因此，要让学生充分地了解数学教学中的思想和方法就必须结合数学训练，然后在这些数学训练中深化这些思维和方法，这样学生才能切实学会和掌握运用这些思想和方法，从而实现高质量的数学教学。

这里我们可以举一个现实例子来看，就比如说一次数学考试，每一次考试都会出现几道把学生难住的试题。那么数学老师在讲解这样的试题时就应该注意结合平时交给学生的解题方法和思考方向，学生就会意识到：原来思考方向和方法都是基于平时老师的讲解，只是试题多了点弯路而已。这样就可以达到深化数学思想和方法的目的，让学生充分体会到解题思想和方法是有着一个共同特征的，只是复杂的题目这些步骤变得繁杂了而已，而

不再一味地惧怕这些看似复杂的数学题。

综上所述，数学思想和方法的渗透对于数学学习来说，不仅有着提高考试成绩的现实意义，更重要的是面对一些问题时有了一个相对清晰的思路和方向，这对人的整体发展都有着积极作用。

第三节 初中数学教育中的研究性学习

随着新课标的不断改革，学生的素质教育以及综合发展已成为教育界关注的焦点话题，改变以往教学模式并对此进行研究探讨，教育研究者甚至已经把改革教育模式列为四大实际探讨问题的一部分，所以说，研究探讨既是教师的教学方式，同时也是学生的学习方式，改革得当将会在实际教学中帮助学生对学习产生正面积极的情绪。

现存的传统教学模式依然存在很多遗留问题，在教学中以教师的教学为主要部分，却以学生学习为辅助部分，忽略了教学中的真正主体，导致学生在课堂的情绪消极，提起学习就会倍感压力。所以说自从改革后，针对教育模式已经有很多新的策略提出，在本节将对此进行具体研究与探讨。

一、化抽象为具体

学习数学的时候学生普遍反映，概念太抽象理解起来很费劲。经过长时间的实践，教师可将抽象的知识添加形象因素帮助学生更好地理解学习，从根本上帮助学生提升学习效率，不需要大量的时间进行题海战术，教师只需要将生活中实际发生的事情与数学教学相结合，帮助学生掌握知识点，使其运用数学逻辑思维解决问题。教师针对教学方式进行研究探讨学习，主要就是锻炼学生的动手实践能力，学生在教师的指导下，在遇到不明白的问题时应及时提出并解决，由此获得所需要掌握的新知识点，恢复学生在学习中的主体地位。由于初中生的年龄段正属于对知识渴望的时期，所以教师只要找到恰当的办法满足学生的实际需要，就可以帮助学生在今后学习数学的道路上全面发展。

例如，在教师给学生传授导数在经济学中的应用的相关知识时，学生反映其中有关"弹性"的概念理解困难。这时，教师如果只是根据教材讲解的话，学生会更不明白，只有举一些生活中例子才能帮助学生学习。于是教师提出问题：商场做活动原价一百元的货物现在只需要十元钱就可以买到，很多人去购买。但如果是一万元钱的货物卖到十元钱却不会有人购买，出现这个现象的原因是什么呢？学生经过思考回答说两种商品的变化率不一样，于是教师由此提出有关变化率的新知识点——"弹性"，由此抽象的概念与知识点被学生轻松掌握。

二、结合现代信息技术，改变评价机制

有关调查表明，尽管很多学校已经安装了多媒体、投影仪等现代设备，但是教师在上课的时候却还是和从前的教学方式大同小异，依然只根据教材为学生讲解知识概念。多媒体、投影仪等现代信息技术能够帮助学生学习，成为教师教学的有力工具，教师可以将很多难以理解的概念通过动画的形式表现出来，从根本上提升学生的学习兴趣。传统的教学模式中教师的评价机制极为单一，主要根据学生的考试成绩判断学生的学习结果，但现存的考试机制不能够帮助学生对学习产生正面情绪，教师应根据学生的情况改变现在的考试形式，帮助学生提升课堂参与感，从侧面提升学生学习数学的积极性以及自身的综合能力。

例如，在学生学习完有关微分学的有关知识时，教师通过班级里学生特征的不同，制定几个不同阶段的考核标准，并将每个阶段各个部分的分数作为该学期的平时成绩，在期末时将平时分数总结起来作为期末成绩。教师这种"化整为零"的评价机制既可以提升学生的自信心，又可以提升学生对自身的评价意识，学生可以通过平时成绩知道自己的不足，出现问题及时解决，找到正确的方向努力学习。

三、教师对学生的引导作用很重要

新的教育指标虽然强调学生在教学中的重要地位，但是这并不能说明教师在教学中就不占有重要地位，将研究探讨带入课堂中对于教师自身素质的要求其实更高。学生在初中阶段掌握的知识依然有限，所以教师应该做好领导者和辅助者，学生能否高质量地学习，研究学习能否帮助教师真正达到目的，教师在其中对于提出怎样的问题，如何教育学生解决问题，针对学习成果的总结等都显得尤为重要。教师应该根据学生的实际情况进行调查，针对不同的学生设置不同的教育方案与评价机制，教师应该通过不断的尝试找到适合学生的学习方式。针对初中生对周围事物充满好奇心的心理特征，教师可以时常借助合作形式进行探究，教师根据学生的学习成绩、爱好科学地划分小组，学生在小组间互相监督、互相学习，小组之间可以进行比赛，互相勉励，学生之间共同进步。教师既要注重在教育学生的时候运用正确的逻辑思维方向，又要注意及时发现学生身上存在的错误，教师的即刻纠正将对学生的未来学习产生正面影响。

教师应该结合数学这个科目的特点，在对学生进行教育时，相应地穿插研究探讨学习，同时也可以帮助学生提升学习积极性，这是教师培养学生掌握正确思维的重要教育方式。在这个过程中，教师应根据新课标的指导和以往教学经验进行总结，让学生发挥自身的最大潜能，在学习中感受到学习的无穷魅力。

第四节　初中数学教育的素质化方向

新时期，我国中学阶段传统的数学教育方式方法存在着一些问题，需要与时俱进地进行改正并加以完善。数学教育的素质化方向，就是数学真正深入学生学习思维并能够灵活运用的方向，同时也是数学能够吸引学生主动学习兴趣的方向。本节通过教学实践分析，论证了新时期可以发展的数学教育的创新模式，以期给学生和教育工作者带来思考和借鉴。

一、传统初中数学教育教学中存在的问题

初中数学教育的引导不足。数学作为一门研究数量、结构、变化、空间以及信息等概念的学科，属于形式科学的重要组成部分，要求学生有较强的抽象思维。而初中正处于学生数学学习生涯承上启下的重要阶段，学习内容既承接了小学的知识，又在其基础上有难度的加深，从而对接高中乃至大学阶段的高等数学。数学作为中学生容易出现学习问题的科目，在数学学习方法的掌握和理念的形成方面都还尚未成熟的情况下，容易出现理解偏差。例如，对初中数学新概念的理解与应用、各种函数的内在联系、复杂的公式（如一元二次方程的求根公式、方差的公式）和抽象符号以及难懂的逻辑推理等这些疑虑和困难，教师作为其中重要的参与者，却常常忽视恰当的教学和引导，对中学数学难点的直接切入，在没有循序渐进的知识铺垫和背景理解的基础上，容易让他们产生对数学学习的误解和消极情绪，这种情绪得不到消解往往伴随着后期对数学学习理解的偏差。

教师自身素质化程度的问题。中学数学的教学必须依托于强有力的数学教师队伍建设。从一些学校数学教学的实践来看，师资配备存在参差不齐的情况，具体表现为一个数学教师兼职好几项职务甚至整个年级数学教学任务的情况，教师个人有限的精力必定会被大大分散，不能将精力有效集中在急需解决的教学问题和学生学习情况的掌握上面；或是存在着数学专业老师自身专业不符合教学要求的情况，有些教师大学阶段学的是物理学或者经济学，虽然也和数学有关，但在专业训练上毕竟缺乏系统的学习，有些教师则是非师范生毕业，在熟悉教学过程尤其处于职业初始阶段时，问题也容易出现。教师队伍自身的素质化程度决定了数学教育的素质化方向和程度，所以此类问题不容小觑。

初中数学课堂的反思反问能力不够。反思反问能力体现了学生对数学知识点的真正理解和迁移程度，在这一点上，很多课堂的教学质量显然是不够的。在传统方式的实践上，在某一知识点讲解完毕后，教师会抛出一个问题让学生回答，但往往是书本上已经标注得很清楚的公式和定理，提问环节并不侧重于公式和定理的推导；此外提问包含了大量经由黑板的习题书写，使得提问实际上变为习题练习，反思和理解被放在次要位置，表面看起来热闹，实质上并没有让学生的数学思维得到真正锻炼，收效甚微。

数学素质养成的方向单一。数学的学习在很多学生看来是很枯燥的，原因就在于数学素质养成的方向单一。一方面中学数学本身抽象性思维的理论要求较高，另一方面则取决于教师讲授知识的过程。例如，在原本应当生动活泼且可以培养动手能力的学习环节中，教师往往照本宣科，让学生不求甚解，只追求提高卷面成绩，不注重他们对学习的兴趣，对探索的兴趣。这样的教学自然内容枯燥，缺乏吸引力。

二、坚持初中数学教育素质化方向的意义

培养学生的数学思维。数学思维就是能从数学的角度思考问题和解决问题的思维形式，也就是人们通常所指的数学思维能力，即能够用数学的观点去思考问题和解决问题的能力。比如转化与化归，从一般到特殊、特殊到一般，函数和映射的思想等。在应试教育中，学校和教师往往容易忽略对数学思维的培养，仅仅只注重短期内学生学习成绩的提高。坚持数学教育素质化的方向，打破唯分数论的认识局限，对培养学生的数学思维大有裨益，也从长远角度为学生取得良好的、后劲足的、可持续发展的数学成绩打好了基础。

培养学生的学习兴趣和自信。数学是简洁的，是美妙的，应当让学生充分认识到这一点。在中学数学素质化方向的努力上，应当坚持多种方式共同推进，如可以引入多媒体和互联网，可以引入数学史的介绍，可以体验有趣的物理化学实验。这样既达到了传授数学知识的目的，同时也从多方面培养了学生的兴趣，从对数学的认识上产生积极的、根本性的改变，构造出兴趣学习、增强自信、提高成绩三者之间的良性循环。

三、新时期初中数学教育素质化方向的实践

注重学生数学思维能力的培养。数学思维能力是学生数学素质的重要表现，是学生数学能力的具体表现，是学生数学核心素养的衡量指标。为此，数学教师在课堂教与学的实践中，要注重数形结合思维、逆向思维、变化与对应逻辑思维、转化思维、运动思维、类比思维、特殊到一般等思维能力的培养，让他们深刻体会各种思维在解题和思考中都要用到这种思维。

案例1：在学习北师大版九年级（上）"反比例函数图像与性质（第1课时）"时，设计了如下环节：

第一环节：目标导学。

1. 回顾一次函数学习的"三部曲"。
2. 你记得一次函数的图像是怎么画出来的？画一次函数图像的"三部曲"。
3. 说说一次函数图像有什么特征？

第二环节：自主探学。

1. 由数想形——猜一猜。

根据反比例函数 $y=-4/x$，猜一猜这个函数的图像具有哪些特征？

2. 由数画形——试一试。

在方格纸上，请你尝试画出函数 y=—4/x 的图像，你会怎样画？

第三环节：合作研学。

1. 想一想。你画的图像正确吗？你能从哪些角度说明你的判断是对的？

2. 画一画。

（1）结合刚才的辨析修正自己所画的图像。

（2）结合刚才的辨析重新再画反比例函数 y=—4/x 的图像，并观察其图像和位置说说它有什么相同点？有什么不同点？是由什么决定的？

引入数学史，能开阔视野和心胸。初中数学教育素质化的一个非常重要的特质在于积极培养学生的意志品质，课堂教学中数学史的引入无疑是一条效果斐然的途径。数学家对真理的追求、对信念的执着、对苦难的乐观，都可以激励学生养成良好的意志品质，有助于他们摆脱数学学习中容易产生的畏难情绪。历史长河滔滔流过，在对各个数学定理的追寻过程中又带出了许多有趣的问题，吸引了更多的人积极地投入这些问题的研究。在数学教学中向学生展示数学史，用贴近生活中的素材作为情境导入，能极大限度地吸引学生的眼球，激发学生的审美情趣，有助于增强他们学好数学的动力，给学生的数学课堂带来不一样的感受，有利于教学效果的不断提升。

创新课堂教学模式。教无定法，只要有利于学生发展、素质提升的教学模式都可以借鉴。笔者所在的地区也进行了课堂教学改革，创新了教学模式，即"五学"课堂教学模式：目标导学—自主探学—合作研学—展示赏学—检测评学。该模式以学生为主，凸显自主合作展示，真正做到把课堂还给学生，它的五个环节的导向功能明确，即导、探、研、赏、评，它的运用对教师提出了更高的要求，如驾驭课堂的艺术、备课的质量（比如数学中的习题、问题串设置、每个环节的过渡语、解答学生即兴提出的问题等），它的运用对学生也提出了新的要求，如学会自主学习、学会合作、学会欣赏、学会倾听、学会表达、学会交流、学会质疑、学会竞争等。通过实践，这一模式的运用不仅增强了学生的学习兴趣，同时还提升了学生的素质。

总而言之，新时期数学教育的素质化过程是一项任重而道远的任务，现阶段中学数学教育体系还有待进一步完善，教师可以从培养学生的数学思维、数学兴趣和数学信心方面去做好相关工作，其中最重要的还是要培养学生的意志品质，这才是数学教育素质化可持续发展的前进方向。本节阐述了新时期数学教育的创新发展途径，为学校和教师的教学实践提供思考和借鉴。

第五节　初中数学教育和数学改革

数学教育将贯穿于 21 世纪所有学科的课程教学之中，只有有效研究数学教育和改革，才能真正做到兵来将挡、水来土掩，让学生有更强大的自信心面对未来的学习。数学教育需要有效结合素质教育，这是数学教育改革未来的发展方向，需要有一定的教学理念予以支撑，全面适应新课程教育改革，理论联系实际，初中数学教学在未来才能有更好的发展。

之所以需要进一步探索和改革初中数学的教育模式，是因为要全面贯彻教育方针，提升教育教学的效率，提升学生学习的积极性和态度。伴随着新课程的不断深入改革，需要改变传统的讲解式教育模式，要充分发挥学生的主体地位，让学生有更加主动的心态和意识，能够更加自主地学习数学知识，充分促进学生逻辑思维能力的有效提升。在全新的时代背景下，要勇于面对压力，有全新的思维意识，让学生在学习的过程中，不仅能学到知识，而且能学习到数学理念和方法。

一、针对初中数学教育的几点建议

（一）保证课堂教学的基本形式

过去学生接受的更多是应试教育，也就是教会学生如何面对考试，取得高分，但现如今是素质教育时代，无论什么样的教学条件，最为基本的教学形式无疑都是课堂教学。虽然最近几年，都强调要走出去，让学生能够真正了解外面的世界，可以将理论应用于实践之中，却不能忽视课堂的教学形式，这是完成数学教学任务的重要渠道。无论学校处于哪一层级，都需要高度重视课堂教学模式，进一步强调初中数学教育课堂的重要性。

（二）在数学教学中渗透思想教育

数学教育不仅仅要教会学生一些定理、公式，还需要有效结合初中数学教材的特点，在培养学生逻辑思维能力的同时，加强对学生思想的培养。例如，在初中数学教学过程中，可以让学生多了解数学家的故事，通过引申古今中外数学家的成就，让学生了解数学的重要地位，还能够有效提升学生的民族自豪感。此外，根据初中的数学教学内容，让学生了解一定的事实观念，可以在无形之中转化学生的思想，让学生用辩证的思维去看问题。

（三）进一步渗透数学思想方法

初中生学习数学，更多的是学习数学的规律、理念、思想方法，通过学习数学知识，进一步发散数学思维，培养自身良好的"数学素质"。在初中数学教学过程中，教师可以进一步向学生渗透数学的思想方法，学生一旦掌握数学的思想方法和知识，便能够在以后的学习中学以致用，进一步强化自身的数学意识。与此同时，数学教师也需要充分地挖掘学生获取数学思想的意识，将所有的数学理念运用到新知识的探索过程中，以此提升学生的数学思维能力。

二、针对初中数学改革的几点建议

（一）在课堂中学会合作交流

对初中数学进行教学改革最为关键的一点就是改变学生现有的学习模式，需要让学生带着极大的热情通过动手操作、小组交流等形式参与到数学学习过程中，在不断的合作和交流中掌握新知识。只有将学生作为学习主体，创造更多的自主学习机会，引发学生进行提问，才能营造生机勃勃的课堂氛围。通过数学课堂上的倾听、提问、质疑、讨论等不同的形式，让学生能够与人交往、学会参与、相互理解。

（二）明确教师的主导地位

初中数学改革对于教师也提出了一定的要求，面对全新的挑战，教师需要根据自身情况，加强学习，改变传统观念，改进教学模式，挑战并尝试初中特色课堂教学。教师不仅仅需要明确学生的主体地位，还需要明确自身的主导地位，要在整个数学教学改革过程中，把握好自己的角色定位，在课堂上带领学生学习新的数学知识。教师不能一味地将知识传授给学生，需要讲究运用适当的方法，设计丰富多彩的教学活动，在潜移默化中对学生造成影响，让学生感受到数学的无穷魅力。

（三）更新教师的教育教学观念

很长一段时间以来，教师受应试教育的影响，认为只要提升学生的数学基础知识和分数即可，这样就会让学生对数学产生误解，无法培养学生的数学思维和数学精神。教师应该更新自身的教育教学观念，改变传统单一的教学模式，创造更加丰富的教学空间，培养社会所需要的全面发展的高素质人才。有些数学精神不是教学就可以教出来的，而是需要在全新的思想观念下，迎合时代的发展，培养具有实践和创新能力的新型人才。

在新时期，需要对初中数学教育和教学改革进行思考，要有足够的信念面对挑战，通过不断的创新，探索数学的教育理念，找到合适的教学方法，从而进一步提升学生的学习意识，让更多的学生感受到数学的魅力。

第六节　数学化思想与初中数学教育

在新课程标准的要求下，提高学生的创新思维能力，并培养其核心素养已经成为初中数学教学工作的必要内容。引入数学化思想对学生的思维逻辑养成十分重要。本节将结合数学化思想特点，讨论问题解决、生活引导、任务驱动、分层教学、课堂互动等多种教学策略，为提高初中数学的教学质量提供参考。

数学是初中义务教育中不可或缺的一门学科，其知识理论具有很强的抽象性及概括性，学生学习过程中常常会感到吃力与困惑。作为学生成长的引导者，教师应充分改变自我教学理念，创新课堂形式。为学生创设出积极、健康、愉悦的学习氛围，并在其中逐渐渗透数学化思想，使学生更加深刻地理解数学的意义。

一、数学化思想在初中数学教育中的作用

我国新课程标准中对于初中学生教育教学提出了更多的意见与策略，初中是学生接受义务教育的重要时段，开展数学课程是为了让学生更全面、更持续地发展，为其日后接受高中教育奠定良好的基础。因此，数学课堂不仅要有充足的知识含量，同时也要满足学生的心理发展规律。七年级的学生刚刚进入初中，很多同学的思维方式和思考问题的意识仍停留在小学阶段，没有对数学形成一个相对正确的认知。这时教师就要深入贯彻数学化思想，帮助其快速理解问题并解决问题。"数学化思想"这一概念最早是由荷兰数学家弗赖登塔尔提出的，相关概念表示，数学化思想就是人们通过数学的方法与思想来处理客观世界中出现的各种问题，并对其加以整理。《数学文化学》文中说道："简单来看数学化思想就是对实际问题进行数学建模，并使用学科知识去解决这些问题。"很多学生觉得数学课枯燥无味、理论烦琐，这是由于其没有正确看待数学学科中思维逻辑的作用。初中生年龄较小，在学习新鲜事物时往往用兴趣来驱动，所以，教师要充分调动起学生上课的积极性与兴趣，帮助其找到数学思想与实际生活之间的关系，实现对数学知识的合理应用，不断地促进学生提高自主思考能力。

二、渗透数学化思想的有效策略

（一）问题解决

数学课堂中常见的"提问"也就是学生个人"质疑能力"的体现，质疑能力能够很好地体现出一个人的思维逻辑能力，如果学生只会刻板地背诵教材中的定义，那么其必然不会提出问题，因此，一个学生如果能够针对课堂内容提出问题，也正说明了其有思考的过程。作为教师更要尊重这种"质疑精神"，并多加鼓励，在面对学生提出的问题时，要积极帮助其解决，并引导学生深度思考，使其逐渐养成自我解决问题的好习惯。

（二）生活引导

数学知识是对自然规律进行的客观总结，因此，学习数学知识最终也是为了解决生活中的种种问题。在培养数学化思想的时候，教师可以通过创设生活情境，来帮助学生快速地将生活与数学知识联系起来，提高学习效率。例如，在学习"几何图形初步"这一章时，教师为了让学生更好地理解符号与图形之间的关系，可以首先在黑板上绘制几个趣味性的图案，然后让学生找到图案中包含了哪些几何图形，将课堂氛围充分调动起来，然后要让学生自己在座位上绘制几何图形，并要求其用直尺、量角器等工具测量图形的边、角的数据与关系。在这一过程中，学生自己的手眼协调能力都得到了很好的锻炼，并且能够在生活中找到数学学习的素材。

（三）任务驱动

初中数学的学习阶段，学生已经开始接触到数学的建模，如一元一次方程；建模是为了更加直观、清楚地解决数学问题，这也能够深刻体现出数学学科的逻辑性。但是目前很多教师仍没有认识到"数学建模"的概念，在课堂上也无法清楚地向学生传达建模的作用，这也导致很多学生一旦接触函数、方程的习题，就无法找到正确的解题思路。因此，教师需要深化自己的数学化思想，并将其熟练应用在课堂上。传统数学教学都以课下作业作为驱动方式，让学生通过完成作业来巩固课堂学习的知识，这种方式比较单一，而且学生在完成作业时，缺少深度思考，往往处于"为了完成作业而完成作业"的心理状态。因此，教师可以改变驱动内容，以任务为驱动，并要求学生梳理出完整的任务解决过程，以此来判断学生在处理问题时的逻辑思维能力。

（四）分层教学

从实际教学情况来看，对于数学化思想的应用，每个学校以及每个教师都有自己的教学方式。新课程标准中要求，教师在开展教学活动时，要注重因材施教，为学生提供最适合、最科学的教学活动，提高其与课堂内容的适配度，这样才有利于学习能力的提升。初中阶段，学生的数学学习能力会受个人兴趣爱好、知识能力、学习习惯、家庭环境等多方面因素的影响，而呈现出明显的差异性，如果沿用传统的"一刀切"教学模式，那么学生很难在其中有所收获。例如，一部分学生的数学学习能力较强，如果上课讲授的知识比较简单，那么其就会失去兴趣，无法调动积极性，不利于长远发展。而另一部分学生接受速度比较慢，如果上课讲的内容比较难，那么很容易挫伤其学习自信心。因此，作为一名教师，为了更加完善地使用数学化思想，就要注重分层教学，缜密分析出不同类型学生的学习特点与学习习惯，并为其制订最合适的学习计划，强调对学生的全面培养。例如，在学习人教版七年级第四章"几何图形初步"这一章时，教师就可以要求学习速度比较快的学生在理解本堂课知识后，自主预习下一课，并在课后上交学习总结，对于学习进度比较慢的学生，要详细指导。

（五）课堂互动

在传统课堂中，教师往往会在课堂上向学生输出大量知识，课堂容量十分饱满，但是学生缺少与教师沟通的机会，课堂结构呈现出自上而下的状态，教师占据主体地位，学生只能被动地接受教师传达的内容，两者之间的配合与反馈都比较少。这也导致学生对知识的接受效果与转化效果并不尽如人意。例如，学生在上课时，不敢向老师提问，导致上课时出现的困惑得不到及时解决，课后自主复习时，不知道从何入手。针对这种问题，教师就要积极改变自我授课的模式，加强与学生的互动。加强师生之间的沟通频率，及时了解学生在上课时出现了哪些困惑，有利于帮助学生消化上课时传达的知识点。在传统教学模式下，教师会受到时间、地点、空间等多种因素的影响，不能与学生在课后保持高效的交流，但是互联网、计算机等信息化技术的发展，进一步拉近了人与人之间的距离，也为师生沟通创设了更加高效的平台。例如，教师可以制作微课课件，或建立微信公众号平台，学生课后理解遇到问题时，可以在平台中向教师寻求帮助，提高师生沟通效率，帮助数学化思想的传递。

综上所述，受传统教育教学模式的影响，学生在学习数学知识时，已经习惯死记硬背，缺少对数学知识的深入理解，为了提高成绩，每天埋头处理大量的练习题。但是从内化效果来看，这种方式存在很多问题。想要从根本上让孩子了解数学的价值，就要从思想入手，使其正确看待学科的作用，并应用在实际生活中。

第七节 初中数学教育教学课堂的有效性

随着我国教育改革的不断推进，如何构建高效课堂成为广大教师关心的一个问题。现如今虽然很多教师已经有意识地对教学观念、教学方式方法进行更新，但取得的效果微乎其微。基于此，本节将以初中数学教育为例，探讨课堂有效性的内涵，在此基础上针对性地提出一系列措施，希望可以为广大教师提供一定的参考，促进初中数学教育教学水平的提升。

在新课程改革背景下，学校教育教学的核心目标已经发生了一定的改变，除了基本的知识传授之外，学生综合素质的培养也变得至关重要。这就要求各学科教学不能仅仅局限于过去照本宣科的模式，而是要探索多样化的教学方法助力学生的个性化发展。在初中数学教育教学中，以数学知识为介质、以创新方法为手段、紧密围绕学生的核心素养，才能构建有效性课堂。

一、初中数学教学课堂有效性的解读

课堂有效性是针对课堂教学低效性提出的一个概念，反映的是课堂教学追求的一个理想状态。数学是初中教育体系中的一个主要科目，作为一项基础学科，其教学效果直接影响着学生的发展。初中数学教学课堂的有效性是指遵循初中生的发展规律，通过一系列课堂教学活动完成教学任务，使师生同时获得发展提升。然而，从现阶段我国初中数学教学的实际情况来看，应试教育的影响依然深重，课堂教学以追求高分、应对中考为目标，却忽视了学生的长远发展。

初中数学教学课堂要想达到有效的标准需要满足以下条件：

首先，数学知识和技能的掌握。学科教学的基础包含知识和技能两部分，就数学而言，知识主要涉及一些公式、基本概念、法则等，而技能则是指数学思想和方法，两者缺一不可。只有同时掌握知识和技能，才能具备将数学知识应用于实践的能力。

其次，数学过程与结果的统一。目前很多学校评价数学教学课堂有效性都是以结果作为依据，在重结果、轻过程的思想指导下，教师只是让学生对数学公式进行机械性的记忆，

之后通过习题进行巩固，学生一味被动地接受知识并沉溺于题海之中，自主探索意识被扼杀。而真正的有效性则必须做到过程和结果的统一，即学生不仅要掌握数学公式，还要了解公式的来源或者推导过程，这样比死记硬背更有效果。

再次，数学情感的发展。初中数学课堂教学的目标不应止步于数学知识的掌握，还应该进一步激发学生的情感，使学生对数学知识产生学习探索兴趣，形成主动学习的意识，从数学学习中收获快乐。

最后，师生的全面发展。想要构建有效性数学课堂，广大教师不仅要具备深厚的专业知识储备，还应该拥有先进科学的教育理念以及相关职业能力，如语言组织表达、突发问题应对处理、教学资源挖掘利用的能力等。而在学生方面，想要实现对数学知识技能的有效掌握，则需要不断锻炼自身的思维能力、动机兴趣和意志情感。由此可见，有效性课堂的构建必然伴随着师生的全面发展。

二、初中数学教育教学课堂有效性构建的策略研究

（一）发挥教师的主导作用

教师作为课堂教学的主导者，其职责、作用的发挥对课堂有效性的构建有着显著的影响。从课堂有效性的角度出发，教师想要发挥主导作用，应从以下几个方面做出改进：

首先，对教师的知识结构进行更新。我国教育事业的发展和社会发展是相适应的，因为人才教育势必要与市场人才需求相衔接。在新时期下，我国社会人才需求方向发生了改变，我国也适时推动了教育改革，教学思想、内容等均出现变动。作为教育者，广大教师必须尽快对自身的知识结构进行更新，获取专业知识的前沿动态，更好地服务于当前教育教学工作。具体方式除了参加学校组织的培训和讲座之外，还应积极开展组织学习，通过网络、报纸、图书等渠道获取新知识。

其次，将媒体技术引入教学中。在互联网背景下，教育信息化已经是大势所趋，因此，初中教师必须学会将媒体技术融入课堂教学中。和传统教学方式相比，媒体技术的应用可以使教学效果更佳。例如，采用多媒体课件进行知识呈现的时候，它将变得更加生动、形象，教学内容也会更加丰富多彩，便于学生理解吸收，有利于学生注意力的集中。此外，多媒体教学可以将数形结合、归纳总结等思想潜移默化地渗透给学生，增大教学信息密度。

最后，提高教师的能力素养。能力素养的提高是一个长期的过程，具体可采用的方法有以下几种：第一，旁听优秀教师讲课，从他们的教学中获取经验和方法，不断完善自我、提高教学能力。第二，做好课后的反思总结。在课堂教学结束之后，教师应以客观的视角对自己的教学表现进行评价，分析自己的优点和不足之处，有针对性地做出改进，避免相同错误的再次发生。此外，对于学生在课堂上发表的一些新想法和思路也应该引起重视，进行记录，有助于思路拓展。

（二）强化学生的主体性

课堂教学的主体是学生，学生的深度参与是建构课堂有效性的基本前提。在实际教学中，教师首先要做的就是夯实知识与技能的传授，为学生智力的发展奠定基础。对于教材中包含的一些重要知识点，教师必须讲透彻、讲明白，使学生做到扎实掌握和灵活运用。其次则是要将数学知识和实际生活有机结合起来，通过多种途径发展学生智力。教育是为社会生产生活服务的，因此，将所学知识应用于生活才是学习的最终目标。将初中数学教学和实际生活相结合有助于学生对知识技能的灵活运用，将数学知识的价值充分地发挥出来。

除了智力发展之外，教师还应关注学生非智力的发展，主要包括学习动机、兴趣、意志情感等。在学习动机培养方面，教师应根据初中生的特点，采用启发式教学，以设置问题的方式吸引学生的注意力，将其潜在的求知欲调动起来。在数学兴趣的培养上，应在数学课堂教学中设置多样化的活动，如数学知识小竞赛、组建学习互助小组等，让学生在数学活动中进行二次学习，如此既可以巩固其掌握的知识，又可以提高其数学学习兴趣。坚强意志力的培养则需要在学习中有意识地设置一些难题，引导鼓励学生自主解决，使其在不断练习中获得意志力的增长。

（三）丰富教学内容

首先，数学教学内容应贴合实际。现如今，很多数学课堂教学内容都侧重于概念公式，之后配合习题进行巩固，导致学生的学习积极性不高，而且无法将其迁移到生活中。对此，教师应遵循"从做中学"的原则，将生活融入课堂中，通过建构生活情境的方式让学生体会数学知识在生活中的实际应用，加深对数学知识的理解。在创设课堂情境的过程中，教师可以通过幽默的语言、生活化、演示等方式为学生创造出丰富的情境，如在学习平均数时可以构建一个春游时学生分水果的游戏，使其在轻松愉悦的氛围中获得知识。良好的课堂氛围可以使师生获得身心的愉悦，思维也将变得更加活跃，以端正的态度对待学习，通过相互交流沟通、共同配合完成教学任务，以井然的秩序朝着既定的目标迈进，如此不仅可以构建有效的课堂，同时还可以使师生获得精神满足。

综上所述，只有构建有效性课堂，才能助力教学改革的持续推进，贯彻因材施教的原则，促进学生知识水平和综合能力的全面发展。因此，广大教师应从教学内容、方法以及氛围营造等方面做出突破，突出学生的主体性，实现教学效果的提升。

第二章 初中数学教育的内容

第一节 初中数学素质教育的内容

素质教育，是现代教育所提倡的人才培养方式，也是未来教育发展的方向。初中数学教学中，对学生进行素质教育，可以提升学生的数学素养与学习能力。本节以初中数学教学中的素质教育为研究对象，对素质教育的内容与实施方法进行阐述，希望为相关教育工作人员提供参考。

抽象性、应用性、严谨性，是初中数学学科的特点，数学学科特点决定数学素质教育内容。在初中数学教学中，实施素质教育，提升学生身体素质、心理素养与社会素质，展示出教育的目的。如何在数学课堂上实现素质教育，提升学生综合品质，是教育工作者所面临的问题。本节就此进行分析。

一、初中素质教育内容

初中每个学科都有其独特的知识体系与特点，数学学科具有抽象、难懂、应用性强的优势。进行素质教育前期，明确数学素质教育内容，并据此进行针对性教学，使学生在学习中得到成长，素质与能力得到提升。通过对素质教育与数学学科特点进行分析，发现素质教育在数学教育中的内容可以通过以下几点体现出来：第一，思想素质。所谓思想素质，就是学生思想品德教育内容，通过此实现学生的全面发展。素质教育可以分为爱国主义教育、唯物主义教育、学习态度引导。在数学教学中，以教材为教学载体，将思想素质内容渗透在课堂教学中，以此提升学生思维品质，为学生的全面发展奠定基础。第二，应用数学能力。教育的目标是培养知识型、应用型人才，为国家发展提供人才保证。数学作为一门与生活息息相关的课程，不仅影响学生数学价值观，而且对学生解决问题能力的影响巨大。在素质教育中，对学生应用能力进行培养，使学生掌握数学知识应用方法，在实际问题中灵活应用，实现数学教学目的。第三，数学思想方法。数学思想方法教育，提升学生学习效率，使学生掌握数学知识学习方法与应用方法，对学生思维能力与学习能力培养具有积极作用。在数学教学中，应加强数学思想方法教育，将此融入日常教学中，使学生在潜移默化中形成良好品质。

二、初中数学素质教育实现途径

（一）改变观念，树立素质教育观念

教育思想、观念、人才培养观念的转变，是素质教育实施的重要环节。初中数学教师以与时俱进、了解现代教育发展情况与特点作为教育观念转型的依据，设计教学活动，使学生的主体地位得到突出，学会主动获取知识。教师的职责不仅是传授知识，工作重点是如何培养学生素质，使学生的个性、素质、能力等得到全面发展。因此，教师应意识到教育的对象是全体学生，目的是让所有的学生都得到相应的发展。在日常教学中，要做到因材施教，根据学生特点，选择适合的教学方式，进行理论知识教学，使学生在学习基础知识的同时主动性得到提升。此外，发挥教师的主导作用，将素质教育融入教育中，合理设计教学情景，引导学生深入思考，探究学习中存在的问题，促进解决问题意识的逐步形成。

例如，学习"一元一次方程"时，采用自主学习方法进行课堂教学。在实际教学中，引导学生对教材内容进行探究，发现该知识点的学习规律与重点，将遇到的问题记录下来，通过师生互动解决问题。为了提高自主探究学习的有效性，教师可以为学生设计几个问题，让学生在任务的引导下发现问题：①一元一次方程有什么特点？②解一元一次方程的实质是什么？请举例说明。学生在自主探究过程中，会感受到知识形成的过程，构成解决问题模型，对学生数学应用能力培养具有积极的促进作用。

（二）立足素材，实现德育教育

德育教育，是学生成长路上必不可少的教育内容，是提升学生爱国主义与学习态度的重要环节。在数学教学中，对教材内容进行深入分析，并找出教材中的德育内容，对学生实施素质教育，使学生形成严谨的学习态度与思维品质。首先，爱国教育。初中数学教材中有很多关于数学成就的内容，教师可以将此作为培养学生爱国情感的途径，使学生在古今数学成就学习中形成爱国之情。以勾股定理内容为例，我国对勾股定理的发展与应用早于国外600多年，充分展示出中国劳动人民的智慧。利用古人数学成就，来激发学生的民族自豪感，提升学生的爱国之情。其次，学习态度培养。学习态度对学生高中、大学阶段学习影响巨大。在数学教学中，利用教材内容，培养学生良好学习态度，使学生在数学学习中获得成就感。立足生活，结合教材知识，进行生活化教学，使学生在学习中自主发现数学学习的价值，意识到数学与生活之间的关系，以此促使良好行为习惯的养成。

（三）数学思想方法，促进学生综合素质发展

数学思想方法，就是数学思想与和数学方法，是数学学习必备的一种素质。数学教学中，使学生掌握数学思想方法，并可以在实际问题中灵活应用，由此形成良好的数学能力。数形结合思想、分类讨论思想、整体思想等，都是数学思想中比较常见解决问题方法。根据教材内容，充分利用数学思想与方法，强化学生学习能力，提高学习效率。

在学习"二次函数性质"时,教师可以引导学生应用数形结合思想进行学习。利用函数图像,分析二次函数特点与形式,掌握更多基础知识。数学思想与方法的应用,解决学生学习难的问题,提高学习效率与解决问题效率。

总而言之,在初中生数学教学中,利用素质教育,培养学生爱国意识,提升学生思想素质,使学生学习习惯与思想方法都能得到培养。在实际教学中,将素质教育落实教学过程,渗透教学各个环节,鼓励学生积极探索,以促进良好思维品质形成。

第二节 初中数学核心素养教育内容

初中阶段数学是十分重要的一门课程,学生想要真正地学好数学就必须掌握正确的方法。现如今初中的数学课堂普遍存在一定的问题:教师习惯于照搬教材机械化的实施教学,不能对教材的内容做出合理的挖掘,以致教学效果不甚理想。对挖掘教材内容,加强初中数学核心素养的基本原则,挖掘教材内容,加强初中核心素养教育的策略做简要的论述分析。

一、挖掘教材内容,加强初中数学核心素养的基本原则

(一)能够展现教学的教育意义

对于教师而言,想要加强对学生的核心素养教育需要着重锻炼学生的数学思维能力,鼓励学生积极地去运用数学方法处理生活学习中遇到的各种问题。所以,在挖掘初中阶段数学教材的内容上应该以训练学生的数学思维为主,教师要尽力做到将教材内容和教学计划密切融合,切实提升学生解决问题的能力。因此,教师需要明确教学目标,改善教学体系,在此基础上激发培养学生的数学能力。现如今很多的初中数学课堂存在这样的问题:课堂上教授的内容理论知识多复杂且难懂,学生的学习积极性也不高,以致教材的实用性价值不高。教师想要最大限度地挖掘数学教材价值就必须在日常的教学课堂中重视起对学生核心素养的培养,对于课本的每一章都应该明确教学的重点难点,制订出详细的教学计划,借助教材实现对学生潜移默化的教育,确保教材的教育意义的完美展现。

(二)确保数学教学科学性的提升

首先挖掘初中阶段的数学教材必须保持严谨的态度,给学生呈现正确严谨逻辑连贯的内容,其次挖掘的内容应该和学生的日常生活相贴合,一方面可以帮助教师提升教学效果;另一方面可以充分激发学生的学习兴趣,督促学生更加全面透彻地去思考数学问题,掌握数学知识。挖掘的知识在结构上要保持完整全面,确保知识可以有层次有联系地展示给学生,教师可以鼓励学生多多去运用运算、推理的方法,以此训练学生的思维能力,以实现教材挖掘的目的。与此同时,教师在挖掘教材的时候,对于教材中的一些原理和概念知识,

可以采取以下教学方式：借助图表公式去给学生做规范的呈现。最重要的是借助教材的挖掘，教师要制订计划提升课堂活力改变传统的灌输式教学模式，帮助学生感受到数学学习的魅力，提升数学教学的科学性。

（三）符合初中学生数学学习的需求

在初中数学教学过程中，挖掘教材内容，落实核心素养教育，要求教师能够充分地结合学生的实际状况和学习需求。不仅要充分发挥对不同水平学生的教学与指导，同时还要充分利用课本教材来调动学生的学习积极性与动力，减少学生对数学学习的负面情绪和不良心理，提高学生对数学学习的自信与热情。一方面，数学阶段数学教材内容具有普遍性与实用性的特点，按照先简后难的规律来编排与设计教学内容，遵循科学的设置理念，在突出核心概念的前提下，形成螺旋式的学习梯度，能够对初中生的数学思维与逻辑能力起到良好的锻炼效果。另一方面，初中数学教材内容还应具有现实性的特点，能够满足新时代教育教学的需求，顺应时代的发展而不断地创新和变革。能够在保障精致的前提下融入渗透思维，从而更好地帮助教师创新教学素材。例如，教师在三角函数内容教学中可以与物理等科目建立联系。除此之外，教材内容还应当和学生的知识储备建立紧密的联系，从而有效促进小学数学知识和初中教材内容的合理衔接，能够在小学数学教材的基础上进行循序渐进的深化和拓展，能够有效提高学生的学习信心与动力。在挖掘教材内容的过程中还应当关注和重视学生的差异性与个性，保障教材内容具有弹性，充分调动学生的积极性与主动性，让学生有发挥主观能动性的空间。

二、挖掘教材内容，加强初中核心素养教育的策略

（一）提高教材可读性策略

初中数学教师应当充分地挖掘和提高教材内容的可读性，结合初中阶段学生的身心特征来循序渐进地对教学内容进行创新与发展，合理地进行教材内容的过渡，杜绝教材内容成人化的问题。在坚持严谨、科学与创新的前提下，充分发挥初中教材的灵活性与活泼性特征。第一，教材内容的挖掘要能够结合不同阶段的教学需求，体现知识点循序渐进深化的要求，同时和教学目标建立相应的联系，还应当充分彰显数学的核心素养，保障教材内容能够促进学生学习自主性的提升。第二，教师要能够结合教学需求合理地选择素材内容，发挥教材中拓展性内容的作用和价值，通过新颖、科学的习题来帮助学生巩固学习效果。第三，挖掘教材内容的过程中还应当保障教学内容和学生身心发展水平相一致，才能够有效提高教学效果，保障教材内容选择的适应性。

（二）教材内容挖掘充分结合教学需求和目标

教师在对教材内容进行挖掘的过程中要能够充分结合自身的教学需求，能够保障教材内容的选用能够落实数学核心素养教育，有效地培养学生的数学知识与能力。教材内容的

挖掘还应当从构建课堂结构以及实施探究教学的层面出发，能够充分地利用新课导入内容以及自主探究内容来促进学生思维的创新与想象力的发散，在提升学生核心素养的同时，实现利用课本教材内容全面提升学生数学水平的教学目标。

（三）要确保教学评价策略的顺利实施

教师如果想要帮助学生养成学习反思的良好习惯，切实提升学生的数学水平就必须借助教学评价，这对于学生而言是一种督促，更是一种激励，激励学生去对自己的数学学习进行反思，督促学生去进步。很多教师都不能正确地意识到教学评价的重要性，也没有采取相应的措施去保障教学评价的实施，这样做是不利于加强核心素养教育的。因此，教师要在日常的教学过程中重视教学评价，积极地落实教学评价。

综上所述，在初中数学教学活动中，教师应当充分地发挥课本教材的功能和作用，通过深研教材来科学展开教学工作，提高对学生数学核心素养的教育。数学核心素养的培养是一个循序渐进而又漫长的过程，教师要能以教材为基础，有效落实对学生数学核心素养的教育。

第三节　初中阶段数学差点教育内容

差点教育是近期提出的一种新型教育理念，此理念主张教师关注学生的个体差异，摒弃统一的标准与尺度，开展差异性教学，引导学生发挥自己的主体性、创造性，让学生成为有个性的人。那么，面对新课程改革的挑战，如何让数学课堂教学真正地活跃起来，如何才能上好初中数学课，使课堂教学充满生机活力，本节笔者以初中数学为教学内容，浅谈差点教育理念在初中数学教学中的应用。

数学是一门生活性的学科，特别是初中数学所涉及的内容，更是非常贴近实际。初中阶段是数学学习的重要阶段，所以，我国教育者在这个阶段的教学中尝试了较多的教学方法，也取得了一定的成绩。为了突出教育公平化，让更多的学生能接受个性化教育，实现以人为本的教育理念，差异教学法成为主要尝试点，接下来笔者将对分层次教学的具体实施方法做深入探究，同时结合教学案例加以分析。

一、教学目标要实现弹性化

数学教学目标主要是指数学教师在数学教学活动中预期让学生能够达成的结果，也就是说学生的数学学习能够达到什么样的程度。教学目标的弹性化表现在对不同层次的学生提出的不同要求上。围绕教学目标的弹性化，我们可以为不同层次的学生设置不同的教学目标，根据学生的数学基础、学习能力、学习态度、学习成绩的差异，结合教材和学生的学习可能性水平，按照教学大纲所要达到的基本目标、中层目标、发展目标三个层次的教学要求，可将学生依下、中、上分为 A、B、C 三个层次：A 层是学习有困难的学生，即能在教师和 C 层同学的帮助下教学内容，完成练习及部分简单习题；B 层是成绩中等的学生，即能掌握教学内容，独立完成练习，在教师的启发下完成习题，积极向 C 层同学请教；C 层是拔尖的优等生，即能掌握教学内容，独立完成习题，完成教师布置的复习参考题及补充题，可主动帮助和解答 A 层和 B 层的难点，与 A 层学生结成学习伙伴。制订弹性的教学目标，就是要让学习程度不同的学生都明确要学什么，要达到什么程度和目标以及怎样才能达到这种程度或目标。

例如，对于 C 层学生，要设计一些灵活性较强和难度较大的问题，要求学生能深刻理解基础知识，灵活运用数学知识，培养学生的创造能力和创新精神，发展学生的个性特长；对于 B 层学生，设计的问题要有一定的难度，要求学生能熟练掌握基础知识，灵活运用基本方法，发展学生的思维能力和理解能力；对于 A 层学生，教师则要多给予指导，设计的问题可以简单些、梯度缓一些，使其能够掌握主要的学习内容，学习基本方法，培养基本能力。例如，在教学直角三角形（习题课）时，教师可以制定如下教学目标。基本教学目标：①使学生能够观看图形正确叙述直角三角形的三个重要性质；②使学生能够直接应用直角三角形的三个重要性质解答计算题。提升教学目标：①使学生能够熟练地解答典型的直角三角形问题；②使学生掌握了解直角三角形问题的一些常用技巧，会添加辅助线，以及用分析法去寻找难题的解答方法。

二、教学过程中要研究差异关注整体性

在教学过程中，教师要根据不同的教学内容，恰当、合理地应用先进的电化教育手段和不同的教学方法，培养学生对待数学学习的主观能动性，以此激发学生的数学学习兴趣，让学生能够积极主动地去学习，实现我们预先设定的教育目标。其中，最关键、最重要的就是在课堂教学中针对教学设计的几个环节怎样才能切实而有效地实施下去。在整个教学过程中，教师要针对不同层次学生的实际情况，进行有针对性的分层次教学，这样能使学生分析问题和解决问题的能力得到最大限度的提升。分层教学承认差异，尊重差异，利用差异作为一种可以开发利用的教育资源，学生的主体性不仅表现为他是课堂教学过程中的主体，而且在学生的相互学习、相互辅导中，成为某种程度"教"的主体。分层教学努力创设一种合作学习的气氛，促进师生之间、学生与学生之间积极互动关系的建立，使学生的主体性得以强化。

三、注重练习时间的规划以及任务布置的合理化

数学属于注重实践的学科，应加强对数学教学知识实践的重视程度，并根据各层级学生的状态给出相应的实践题目，让学生在具体实践中，加深对教学知识的进一步深化领悟，并达到变通运用的程度，进而提升学生的学科基础、经验和素养。综上所述，教师在布置

练习任务时可将 A、B 层级学生的练习题目进行类型上的多元化设置，并鼓励相关学生规划好课余时间；基于 C 层级学生所设置的学习任务，教师应体现出明显的难度，进而提高学生的思考能力，拓展学生的知识视野。

四、注意分层次评价，给学生更大的学习动力

评价是教学的重要过程，它不是结束，而是新一轮的开始，不仅对学生下一步的学习有启发作用，更决定了学生以怎样的心态进入下一轮的学习。很多老师不重视评价过程，认为对教学的价值不大；恰恰相反，学生的学习心情和习得体验在初中数学教学中是举足轻重的。

例如，在学习"三角函数值及其应用"这个知识点时，和我们的生活虽然相关，但是却没有上升到理论层次，学生在初步学习时会感到困惑。这时，老师要提出恰当的评价来及时调整学生的心态。对于成绩比较好的学生，要及时敲打，多练习一些比较困难的三角函数题目，磨平他们的"浮躁"；而对于后进生，则要多一些努力和耐心，从基础知识开始，从他们会的题目开始，多鼓励、多引导，给予更多的学习动力。

差点教育告诉我们每个人都是世界上独一无二的，都有自己的特点和个性，只有顺应了各自的特点和个性才会得到最佳的发展。在国家大力推行新课程改革的背景下，为了关注每名学生的成长，教师要尊重学生的个性差异，我们不能用同一个标准去衡量所有的学生，而是应该尊重学生之间有差距、不同的发展程度和知识结构，做到因材施教，尽量给学生一个适合他们发挥特点的、张扬其个性的学习及发展的天地。

第四节　初中数学的课程内容和教材教法

初中数学就是要以课程内容和教学方法两部分来进行研究，以提高初中数学教师的课程认知水平，初中数学教师应该主动地、生成性地、长期性地增强自己的课程意识，不断地提高自己的课程认知水平。初中数学教师不但要做教学的热心人，还要做教学研究的有心人，能不断地更新自己的认知结构，并激活自己专业发展的内在动力，能不断地反思自己的教学并且能与同事合作交流以改进教学。

一、对初中数学课程内容的探究

对初中数学课程内容的认知，至少要从课程内容的构成、选择、编排和呈现四个方面来进行研究。

（一）初中数学课程内容的构成

传统的初中数学课程的内容是以数学知识为主线出示的，主要有"数及其运算""式

及其运算""方程和不等式""函数初步""统计初步""平面几何",其中包括直线形(平行线、三角形、四边形、多边形)、圆、相似形和解三角形的基本知识。《数学课程标准》中所述初中数学课程的内容是以学生的认知结构领域出示的,四个领域的内容标准是"数和代数"(数和式、方程和不等式、函数)、"空间和图形"(图形的熟悉、图形的变换、图形的坐标、图形的证实)、"统计和概率""实践和综合应用"(课题学习)。传统的初中数学课程的内容,就其知识主线来说,差别不大。《数学课程标准》在内容标准中规定了学生在第三学段应该达到的基本水平,这就体现了灵活性和选择性。

(二)初中数学教学内容的选择

初中数学教学内容选择的依据主要考虑三个方面,即依据义务教育的性质和需要。选择最具有基础性和工具性价值并且是初中学生都能够把握的数学知识让学生学习;依据初中学生的年龄特征和接受能力,选择大多数学生都能接受、理解和把握的数学知识让学生学习;依据现代教育科学技术发展的趋向和社会发展的需要,选择未来社会对数学需要的较新的内容让学生学习和体验,比如对现实生活中只能够对某些事件发生可能性的估计和猜测。对数据的采集、归纳和分析并作出解释,对实际新问题的模型化运用模型解释生活中的某些现象,对电子计算器的酌情引入等方面的课程内容,以满足未来社会对公民素质的要求。

(三)初中数学教学内容的编排

初中数学教学内容的编排原则是:正确处理数学知识的逻辑顺序和初中学生心理发展顺序的关系,把知识的系统性和严谨性和学生的可接受性和喜好相结合;突出初中数学知识中的基本概念和基本规律,加强各部分知识间的纵横联系;将相关知识(例如方程、不等式、函数)适当分段、螺旋上升、由浅入深、循序渐进地进行编排;知识结构力求简明;适时渗透数学思想方法。

(四)初中数学教学内容的呈现

和第一、第二段相比,整个第三学段的教学内容已经能够初步体现中学数学学科的知识结构,在"数和代数"中,"数和式、方程和不等式、函数"的呈现方式是适当分段、螺旋上升的;在"空间和图形"中,"图形的熟悉、图形的变换、图形的坐标、图形的证实"的呈现方式以强调"过程体验"和有利于"探究发现"为主;在"实践和综合应用"中,"课题学习"以"切近初中生活"和"提倡合作交流"为主。初中数学教学内容的呈现,在内容的表述上更要注重趣味性、可读性,在内容的呈现上要图文并茂、有直观性,在内容的组织上要体现知识的形成过程。

二、对初中数学教材教法的探究

初中数学的课程内容以教材的呈现和教法的落实而体现。教材为初中学生的学习活动提供了基本方法，同时也是实现初中数学课程目标、实施教学的重要手段。

刘云章、赵雄辉所编写的《数学解题思维策略波利亚著作选讲》（湖南教育出版社）中说，波利亚提出了三条学和教的原则：主动学习原则、最佳机动原则、循序阶段原则，这三条原则也适合新课程背景下初中数学的教和学。在这三条原则中，最本质的一条是主动学习原则。

建构主义认为，学生的学习并不是由教师把数学知识简单地传授给学生，而是学生自己建构知识的过程。就初中数学学习而言，学生不是简单被动地接受来自教材、教师和其他方面的数学信息，而是在一定的数学情境下，根据自己的数学活动经验，对外部数学信息进行选择、加工和处理，主动建构数学知识、数学方法和数学思维的过程。所以，学习主体的主动学习是初中数学教学的基本原则。因此，初中数学教师教学应坚持"为指导学生进行数学学习而教"，这既是一种教学方法，更是一种教学观念。初中数学教学是初中学生数学活动的教学，是师生之间、学生之间交往互动和共同发展的过程，数学活动的主体和主角是初中学生。《数学课程标准》中对初中课程内容的学习，强调学生的数学活动，发展学生的数感、符号感、空间观念、统计观念，以及应用意识和推理能力。学生经历了数学知识的形成和应用过程，经历了对数学新问题的自主探索和合作交流，才能够发现和理解数学之间的关系，提高解决新问题的能力，从而达到《数学课程标准》规定的课程标准的最低要求，乃至达到不同程度的较高要求。

第五节　初中数学教学心理教育内容

随着教育事业的不断改革与深化，人们不再只把教育的关注点放在学习成绩上，教育者越来越重视对学生心理健康方面的教育。尤其是对于初中生来说，开展心理教育是十分有必要的。这一阶段的学生正处于青春期，他们在心理方面的健康发展往往会受各种不良因素的侵蚀影响，如果教师只看重对学生成绩的要求而忽视学生的心理变化，往往会对学生造成不可挽回的伤害。所以说在初中阶段对学生开展心理方面的教育是目前教育工作中的重点内容，本节主要讨论了如何更好地在初中数学教学课堂上开展心理教育。

在教育体制改革的背景之下，教育工作者越来越重视对学生的全面培养，在教育工作的安排上，教育者不仅应该关注学生的学习成绩问题，更应该将学生的身体、心理健康问题都重视起来。在初中数学教学课堂上开展心理教育具体是指在课堂的教学过程中，教师在完成教学目标的同时，通过一定的方法去优化和改善学生的心理环境，让学生可以更加积极主动地去完成学习任务，从而更加高效地完成课堂教学目标。所以现阶段初中数学课堂的教学重点已经不仅仅是为了提高学生的学习成绩，更多的是注重心理教育在课堂教学中的渗透。

一、创设良好氛围,培养学生的学习兴趣

在课堂教学中,教师应该始终清楚地意识到学生是学习的主体,自己则扮演好引导者的角色,通过各种方式为学生创设一个良好的课堂学习环境,从而消除学生在学习过程中焦虑不安的心理。首先,良好的师生关系是创设良好学习环境的重要前提条件,不管在课上还是课下,教师都应该重视与学生进行良好的沟通和交流。在与学生交流的过程中,教师应该更多地以朋友的身份去和学生相处,站在他们的立场去思考问题,从而更好地掌握和了解学生真正的心理活动。其次,教师可以通过创新教学方式来营造一种良好的课堂氛围,初中数学知识由很多的数字符号组成,仅仅向学生讲述这些数字符号是枯燥乏味的,很容易让学生产生厌学心理。这时教师就需要通过对学生的观察去相应地创新自己的教学方式,让学生有足够的兴趣参与到其中。

比如说在讲到"平面直角坐标系"这节内容时,如果只单纯地按照课本讲述,这样不仅不够生动,还提不起学生的学习兴趣。此时教师就可从现实生活中找例子,就比如我们上课所在的班级,从一个墙角出发,两个垂直墙面所在直线为 x 轴、y 轴,教师先说出自己所在的位置用坐标系表示的话是(0,0),然后鼓励学生主动站起来说出自己的坐标。这种教学方式可以很好地调动学生的上课积极性,使学生在学习时始终保持良好的心理状态。

二、积极进行鼓励,增强学生的学习信心

自信心是学生学习过程中的重要基础,通过调查我们可以了解到学生的不自信往往是数学成绩不理想的主要原因之一,在教学课堂上,教师应该重视对学生的鼓励,努力去消除学生在学习上的自卑心理,使学生的学习效果有明显的提高。首先,教师应该学会多角度地去看待学生,在与学生接触的过程中,善于去发现他在其他方面的优点,并进行适当的语言鼓励,这样可以在很大程度上增强学生的自信心。其次,教师应该注意对所有的学生一视同仁。一般来说,班级中成绩差的学生往往在课堂上表现得很不积极,教师应给予这部分学生更多的关心和鼓励,让他们在老师的鼓励下重拾学习的自信。在日常的教学过程中,不论学生取得的成绩如何都应该进行适当的鼓励,让学生拥有更多的自信,相信自己有学好数学的能力。除此之外,还可以安排学生之间互相交流,成绩较好的学生和成绩差的学生一起学习,学习成绩的提高也有利于学生自信心的增强。

比如说班级里小明的数学成绩是最差的,在课堂教学的过程中,他往往低着头,不进行课堂互动,一次下课时,教师偶然看见他在学校的小道上画画,画得很是漂亮。于是教师坐下对他说:"你的画很漂亮呢!老师在班里需要一个艺术委员,我觉得你可以胜任。"在这之后,小明在班级里明显活跃起来,对自己也更加自信,他的数学成绩也有了明显提高。

三、利用小组合作，培养学生合作精神

在心理方面发展健康的人往往愿意去接纳其他人出现在自己的生活里，他们能够认可他人的价值。在初中数学教学课堂上开展小组合作式学习是很有必要的，目前很多初中生都是独生子女，在他们的成长经历中很少有和他人合作交流学习的机会，这导致他们形成了自我封闭的意识，很难去接纳他人的意见。在新课标的要求下，教师应该在课堂上有意识地通过小组合作来进行学习，培养学生的合作精神，让他们学会去接纳他人的意见，学会与他人进行交往。比如，在学习实数这部分内容时，教师就可以将班级里的学生进行分组，教师给出一些有理数，让每个小组把这些有理数写成小数的形式，并让每个小组之间进行交流。通过这种教学模式，让学生在小组中可以交流自己的想法和思考过程，培养学生的合作精神。

当代教育者越来越看重学生心理方面的教育，良好的心理素质是提高学习效率的重要基础，同时也是学生全面发展的关键内容。所以在初中数学教学课堂上，教师应该通过创新的教学形式对学生开展心理教育，帮助学生增强学习信心，使得学生能够全面健康地发展。

第三章 初中数学教学模式创新

第一节 互联网与初中数学教学模式

"互联网+"时代下的初中数学教学模式有了更新颖的、更科学的探索方向。教师在课堂教学中能科学地整合互联网上的好素材,主动优化课程设计,使学生摆脱数学的枯燥和运算无趣的学习方式;能运用"互联网+"丰富数学资源,实现学生的随性学习。"互联网+"还可以辅助教师的教研活动,提升教师的数学课程实施的各项技能。"互联网+"为初中数学教学注入了课程改革的活力。

当前"互联网+"在教育上的发展势不可当,很多快捷便利、资源丰富的软件平台都能很好地为初中数学课堂教学服务,丰富教学模式,并提升授课理念,对提高数学整体教学效果大有益处。目前,数学课程改革逐步推广且深度逐渐增加,在"互联网+"的辅助下,融合相关网络资源或者平台,让更多的、更有推广意义的好想法用到数学教学上,对教师辛辛苦苦的教、学生辛辛苦苦的学有很智慧性的帮助。作为一线数学教师,我们应从理念上赶上"互联网+"的革新步伐,要把先进科学技术和现有教学资源有效整合,充分地挖掘数学教学资源,更好地展现初中生的才能,使初中生在数学课堂上活跃起来,都能有所收获,全面提高数学素养。笔者从数学教学中如何利用网络技术来谈谈自己对"互联网+"背景下初中数学教学模式的新解。

一、简化备课模式,优化教学设计

"互联网+"背景下产生的互动平台教学方式,简化了数学教师的备课模式,让教师能在极短的时间内高效能地完成自己的教学设计,并且通过这一手段的运用,使数学课程教学模式得到最优化的设计,真正感受到数学的本真之所在。比如,在讲冀教版初中数学《平面图形的旋转》一节时,数学教师可以通过电脑里俄罗斯方块的小程序,来让学生初步感受平面图形的旋转。对于初中生而言,这种课程导入很容易吸引他们的注意力,激起他们的探究意识。然后,数学教师可以利用动画向学生演示三角形的旋转过程,让学生观察这个三角形在旋转之前和之后有什么不同,再动态演示正方形和长方形的旋转过程,让学生思考旋转的概念,并总结出旋转的性质。最后,数学教师指导学生用三角板进行旋转,绘制出美丽的图案，学生都能够受到启发。如果没有互动平台技术，单凭教师的口头讲授和在黑板上画图演示，学生会很难掌握旋转的过程，无形中就会增加教师备课的时间和难度，利用互动平台技术非常直观、形象地把旋转轨迹向学生展示了出来，学生可以很轻松就感知到并掌握了旋转的知识，为学习空间图形和立体几何做好了铺垫。

二、实现随性学习，丰富数学认知

"互联网+"实现了学生的随性学习，课上、课下、网上学习不受限，并且时刻都可以与名师互动，通过多种同类资源的对比丰富学生的数学认知。微课作为新的教学模式应运而生。微课短小精悍，重点突出，而且不受课时以及环境限制，更加方便学生随时观看和反复观看。比如，在讲冀教版初中数学《全等三角形的判定》一节时，数学教师可以把边边边公理证明三角形全等的步骤、边角边公理证明三角形全等的步骤等相关知识点制作成不同的微课素材，然后发送到班级群内，方便学生课后巩固学习，学生在课后学习遇到困难时，就可以根据需要观看相关的小视频，掌握证明三角形全等的多种方法，使所学知识更好地理解和吸收。当初中生在解题中遇到疑惑时，还可以通过班级群向同学和教师求助。此外，学生在利用"互联网+"资源进行学习时，可以实现与名师互动，如云课堂、作业帮等软件平台，通过远程教学系统，让学生与名校教师进行面对面交流，感受不同教师的讲授风格，学习不同的解题技巧，在对比中找到适合自己的学习方法，从而拓宽学生方法视野，养成科学的学习思考习惯，实现数学资源的共享共赢。

三、助力教师教研，提升业务技能

"互联网+"是教师进行科研活动的好帮手，可以用来助力教师的教研行为，通过远程教研提升数学教师自身的业务技能。学校可以经常组织数学教师参加省教研室利用远程互动教研平台组织的教研活动，在活动中由一名教师进行授课，多个课堂同听，共同研讨得与失，师生间进行多项互动，活动的真实性和实效性前所未有。比如，在一次远程教研活动中，教师观摩了一节优质课《完全平方公式》，授课老师讲课中的每个环节生动活泼，知识讲授系统、全面，知识点的逻辑性很强，灵活的教学方法信手拈来，教学过程非常严谨且很精彩，师生课上互动频繁且有效性很高。课程教学结束后，各学校的数学教师各抒己见，分别表达了自己的收获和困难，然后教师提出问题，大家一同讨论彼此分享课程研讨的心得，探讨解决问题的办法和新思路，实现优势互补。远程互动平台的建设，打破了学校和教师间的地域限制，能够将同学科的教师集中起来，进行实时、有效的交流，为学科发展建言献策，同时还可以提升教师自身的业务水平，提高数学科研及教学质量。

总而言之，"互联网+"让数学走出了一条新颖、富有实效的教学改革之路，为实现课堂创新奠定了基础。在"互联网+"背景下，初中数学教师要善于利用互联网的各种资源，整合最优秀的数学课程素材，建立完善的数学教学平台，以灵活实用、多样简洁的教学模式，激发初中生的数学学习热情，实现学生的数学感知和运用素养的双向提高。

第二节 以人为本与初中数学教学模式

随着数学新课标的深入贯彻，在初中数学教学过程中，教师要结合创新模式对教学进行优化，坚持以人为本观念，在教学活动中引导学生主动探索，促进数学思维的发展。

在初中数学教学中，教师要坚持以人为本的教学观念，引导学生进行自主学习，让他们在独立思考中理解数学概念，掌握数学公式，在合作学习中拓展思维，加深对知识的理解。通过自主学习，学生具备了独立解决数学问题的能力，通过解决实践问题，他们学到的知识得到了巩固和内化，从而实现了初中课堂教学的不断优化。

一、转变观念，激发学习主动性

《数学课程标准》指出：有效的数学学习活动不能单纯地依赖模仿与记忆，动手实践、自主探索与合作交流是学生学习数学的重要方式。在初中数学教学中，教师要改变传统的教学方式，开展以学生为主体的教学，让学生从跟着教师的思路走转变成主动思考，在思考中发现新知识，运用已有知识的迁移作用来理解这些知识，通过自主学习和合作学习促进学习的深入。

（一）自主学习，提高学习能力

在数学课堂上，教师要让学生进行自主学习，给他们足够的思考时间，让他们进行深入探索，认真分析教材内容，加深对数学知识的理解。通过自主学习，学生独立思考问题的能力得到了提高，他们在学习过程中充分地利用已有知识和新知识的联系进行深入分析，理解新的知识，并能初步运用这些知识解决简单的数学问题。伴随着学习的深入进行，学生理解了教材中的数学知识后，不仅能提高他们的自主学习能力，同时还能有效增强他们的学习主动性，让他们持续保持对数学学习的兴趣。例如，在教学"相交线"时，教师可以让学生准备一把剪刀和一张纸，用剪刀把纸的一个角剪下来，让他们思考为什么剪刀可以把纸剪下来。在问题引导下，教师让学生把剪刀抽象成一个几何图形，并画出来。通过观察这个图形，学生结合教材内容进行深入学习，了解两条直线相交所构成的角，理解并掌握对顶角、邻补角的概念和性质，提高他们的辨别能力，能在复杂的图形中辨别出对顶角和邻补角，能运用对顶角相等和邻补角的定义求角的度数。

（二）合作学习，加深对知识的理解

在初中数学课堂上，学生在学习数学知识时，不能深入理解抽象复杂的知识点，教师可以组织学生进行合作学习。在合作过程中，小组成员的学习水平不同，在相互交流中，

学习水平高的成员可以对其他成员进行启发，让他们能从不同的角度探究数学知识，促进数学思维的拓展，加深对知识的理解。例如，在进行"立方根"教学时，教师让学生在掌握了平方根的基础上进行自主学习，初步了解立方根的概念和表示方法。然后教师组织学生进行合作学习，把数学水平高和数学水平中等、一般的学生分成一个小组，让他们进行相互合作学习，学习求一个数立方根的方法。在交流讨论中学生运用类比的思想，把平方根与立方根进行比较，掌握求立方根的方法。在合作学习中，教师要引导学生讨论平方根与立方根的区别，使他们更深入理解立方根。在巩固环节，教师还要针对立方根的知识点设计简单的问题，并讨论正数有几个立方根？0有几个立方根？负数有几个立方根？通过交流讨论，学生在相互启发下解决了问题，并加深了对立方根的理解。

二、开展探究式学习，发展数学思维

在初中数学教学中，教师可以让学生进行探究式的学习，给他们设置探究任务，使他们在明确的学习目标指导下深入分析数学知识。在探究过程中，学生能够结合探究任务有针对性地进行学习和思考，促进他们数学思维的深入发展。例如，在教学"平行线的性质"时，学生在掌握了角、相交线、平行线的概念以及平行线的判定基础上进行学习。在学习过程中，教师可以给学生安排探究任务：学习平行线的性质，正确区分平行线的性质与平行线的判定，运用平行线的性质进行简单的推理和计算。在任务引导下，学生能认真分析教材内容，在已有知识的基础上进行深入思考，并深入地理解平行线的性质。在运用平行线的性质时，教师要让学生自主探究相关的问题，使他们通过推理和计算加深对平行线性质的理解，完成探究任务，通过探究活动提高数学学习能力，促进数学思维的深入发展。

三、创设生活化教学，提高学习效率

（一）引入生活素材，进行深入探索

在初中数学教学中创设生活化的教学，把学生熟悉的生活素材引入数学课堂上，既可以提高学生的学习积极性，同时又能让他们在思考时发挥思维的活跃性，深入探索数学知识，在生活情境中掌握所学的数学知识，促进学习的深入进行。例如，在"平面直角坐标系"教学时，教师让学生认真分析教材内容，掌握平面直角坐标系，能由点的位置写出坐标后，让学生把班级中间一横排作为横轴，中间一竖排作为纵轴，学生作为平面直角坐标系中的一点，写出每个学生的坐标。把数学知识与生活素材结合起来，可以激发学生的学习兴趣。他们根据建立的坐标系把自己的坐标表示出来，然后把其他学生的坐标表示出来。通过运用所学的知识，学生循序渐进地理解了平面直角坐标系的相关知识，能熟练地运用所学知识确定点的坐标，不断地深入学习数学知识。

（二）设计实践问题，提高知识运用能力

初中生通过主动学习掌握了教材中的数学概念和数学公式后，教师需要让他们用学到的知识解决实际问题。在解决问题的过程中，学生运用数学分析能力、数学思维能力以及掌握的数学方法，抓住实际问题中的数学信息将其抽象成数学问题，利用学到的知识解决数学问题，使掌握的知识得到内化，提高他们解决问题的能力。例如，在教学"二元一次方程组"时，学生通过深入学习教材内容理解加减消元法的含义，掌握用加减消元法解二元一次方程组后，教师可以给学生提出实际问题：某单位召开会议，安排参加会议人员住宿，若每间宿舍住12人，便有34人没有住处；若每间住14人便多出4间宿舍没人住。求参加会议的人数和宿舍数。通过分析问题，学生找出问题中的已知信息，利用数学思想得到两个等量关系：12×宿舍数=参会人数—34；14×（宿舍数—4）=参会人数。根据等量关系设出未知数，列出二元一次方程组，通过解方程组得出问题的答案。在用所学二元一次方程组知识解决实际问题时，学生分析问题的能力、运用知识的能力都得到了有效提高，使他们的学习取得了良好的效果，促进了数学综合素质的发展。

综上所述，在初中数学教学中，教师在设计教学内容时要从以人为本的视角出发，了解学生的学习水平和兴趣，充分地利用教学环节对他们引导和激趣，让学生在学习过程中能够深入思考，通过探究活动理解抽象的数学知识，促进他们数学思维的发展。在教学活动中，教师还要引导学生进行合作学习，通过合作交流来掌握更有效的学习方法，获得对知识的深入理解，并能用所学的知识解决实际问题，提高他们的数学综合素质，实现初中数学教学的不断优化。

第三节　智慧课堂与初中数学教学模式

伴随着当前我国社会经济的快速发展，国家对教育事业的投入不断增加。与此同时，互联网信息技术的深入发展，在一定程度上也为我国教育事业的发展提供了技术支撑。在此背景下，微课这种新的课堂教学模式逐渐应用到教学课堂中。在初中数学教学中常存在一定的问题影响其教学效果。基于此，本节通过深入分析智慧课堂下初中数学教学模式的重要意义及当前初中数学教学的发展现状，进而对初中数学教学的新模式进行探索和研究，以期待更好地促进我国初中数学教学事业的发展。

互联网技术在课堂教学中的广泛应用，尤其是智慧课堂的出现，在一定程度上对传统的课堂教学模式产生了冲击。教师是智慧课堂能够顺利开展的关键因素，而智慧课堂的核心是以学生为本。在初中课堂教学中，与其他的学科相比，数学学科的重点在于培养学生的逻辑能力、思考能力、空间构建能力等。在这种情况下，初中生在数学知识学习过程中存在一定困难，这也给初中数学教学带来了新的挑战。

一、智慧课堂中初中数学教学问题的提出

智慧课堂是以硬件资源为前提，以软件资源为核心，以翻转课堂为背景的数字化教学的高端形态。面对智慧课堂这种数字化的教学形态，将初中数学教学的传统模式与信息化的教学模式结合发展，很大程度上有助于促进新课程改革的顺利进行。在长期的实践过程中，现已经初步形成了课前知识传递、课堂知识内化以及课后分层辅导三阶段的教学模式。智慧课堂的出现是信息科学技术发展的一大产物，其作为一种新课堂教学理念，更需要适应新课程改革的时代潮流和发展趋势。

当前，关于智慧课堂的相关研究主要集中在传统教学模式与翻转课堂模式的结合发展。国外关于这种新教学模式的研究，在一定程度上证明了翻转课堂在激发学生学习兴趣以及提高学习效果方面的有效性。国内关于该理论的研究多是从2000年开始，并在后续的发展过程中开始呈现高密度、多分支的特点。与此同时，伴随信息化技术在课堂教学中的普及应用，尤其是智慧课堂的普及与实践，我国现已基本形成和建构了以智慧课堂为载体的初中数学教学模式。此外，初中数学教学新模式的形成和构建在一定程度上需要借助一定的硬件资源配置和技术手段。

二、智慧课堂中探索研究初中数学教学模式的重要意义

在信息化深入发展的今天，通过智慧课堂的实施和应用，在一定程度上有助于弥补传统教学模式存在的不足和缺陷，以更好地促进初中数学教学目标和教学效果的提升。在传统的初中数学教学模式下，教师大多采用传统化、常规化的教学模式和教学方法，多注重对学生数学知识的输入和灌输，这在某种程度上容易给学生造成数学课堂枯燥无味的感觉，不利于学生充分地发挥数学学习的积极性。在生涩的教学课堂上，学生被动地学习数学知识理论，似懂非懂地理解数学概念，会严重影响数学教学的效果，因此，教师需要采用新的教学方式，提升学生的学习效率，弥补过去在教学过程中存在的教学漏洞。在智慧课堂这种新教学模式下，教师在给学生讲授数学知识的过程中，能够借助信息技术手段增强课堂的生动性、有趣性，进而激发学生学习的主动性和积极性。

智慧课堂教学模式的运用在很大意义上能够帮助学生更好地理解数学的相关知识与概念，进而很好地掌握晦涩难懂的数学知识。与其他学科知识相比，数学的知识与概念相对较为抽象，学生在刚接受初中数学知识时往往掌握不了正确的学习方法和相关的数学学习技巧。在智慧课堂下的初中数学教学以新的教学模式帮助学生构建相对正确的入门学习方式以及概念导入方式，在便于帮助学生掌握知识的同时，最大限度地发挥智慧课堂的教学效率。与此同时，教师通过讲授相关数学知识，在与学生一同探索研究的过程中，更好地锻炼学生的数学学习思维，培养学生的思维能力和探究能力，进而让学生在不断的探究中寻找新的学习方法。除此之外，智慧课堂这种新的教学方式在一定程度上融入了新的教学

管理元素，在这种新教学模式的构建中能够更好地激发学生的学习兴趣与学习天赋。

受传统教育观念的影响，教师在初中数学教学中更加重视对学生知识的教授和灌输，因此，往往忽视了对学生数学思维能力以及自主学习能力的培养。在这种教学理念的影响下，初中生的数学思维能力发展受到一定限制。当前我们常见的数学课堂教学时间多为45分钟，鉴于初中生正处于生理、心理发展成长的关键时期，学习数学这类枯燥的知识有一定难度。在这种情况下，教师如何在较短的时间内增强初中生对数学相关知识以及概念的理解和认识成为最为重要的问题。在初中数学教学过程中，由于学生相关学习能力以及思维能力发展的因素限制，其对于枯燥抽象的数学知识缺乏一定的主观判断，这在很大程度上会影响初中生独立解决问题的能力。与此同时，教师作为初中数学课堂活动的组织者、指导者和引导者，其教学理念直接影响课堂的教学效果。

随着新课程改革的深化，虽然在互联网技术快速发展的背景下，我国初中数学教学在很大程度上有所改善，但仍然存在教学方式单一的弊端，这不利于初中数学教学效果的改善。在初中数学教学活动实施中，教师仍然习惯采用传统的教学方式、教学手段以及相对保守的教学理念，在这种教育环境的影响下，学生学习数学的兴趣在很大程度上也受到压制，不能在课堂教学活动中发挥主观能动性。与此同时，在传统教学方式的实施过程中，教师往往会忽视学生个体之间的发展差异，仅仅通过常见的灌输式教育方法进行教学。学生的教学起点不同，其对初中数学的相关知识与内容的接受程度也参差不齐，因而，在初中数学的教学效果上也存在差异性。在课程改革的新要求下，教师如果仍然采取单一的教学方式，在很大程度上会限制学生对数学知识的学习和接受程度。因此，教师要紧跟时代发展潮流，在加强相关理论知识学习的过程中，要掌握一定的教学方法，通过丰富的教学手段和教学方法，来增强学生对数学学习的兴趣，以激发初中生的学习动力和积极主动性。

三、智慧课堂中初中数学教学模式的实践与探索

构建初中数学的智慧课堂教学模式可以改善数学教学环境，培养学生的学习意识，而智慧教学的关键在于培养学生的学习能力，教师需要在教学过程中总结知识内容，发现学习问题，了解知识特点和规律，从而帮助学生养成独特的学习习惯，这样学生就能自主认知数学概念，建立属于自己的学习方式。鉴于以上智慧课堂教学新模式对初中数学教学的重要意义，教师在今后的数学教学中，要充分地运用这种新教学模式来提高学生对数学知识的学习兴趣，进而提升初中数学的教学效果。

在智慧课堂初中数学教学模式的实践与探索中，教师需要在课前进行一定的知识传递，通过这种方式更好地培养学生的数学学习兴趣。由于初中正是学生进行高阶段学习的过渡阶段，初中阶段的数学知识相比其他阶段而言，对学生的数学学习基础有一定要求，这在一定程度上对初中数学教学提出了新的要求。面对这种情况，教师在构建智慧课堂的过程中，尤其是讲授新的课程内容之前，需要最大限度地激发初中生的学习兴趣。为此，教师

可以在课前使用相对幽默诙谐、简单易懂的语言，对课堂的知识概况进行简单的阐述。学生在对整体知识有所了解的基础上，再进行数学知识的预习，通过让学生预习整理知识，更好地培养学生的自主学习能力。与此同时，学生可以根据教师提前制订的学习计划和相关要求，按照教材预习、微课学习、预习测试以及心得体会等模块进行相应的课程设置。例如，教师在讲授"相交线与平行线"等数学内容时，可以事先提出一些预习问题，让学生有针对性地预习数学知识。

在课前知识传递之后，教师需要在智慧课堂发展的相关要求下，对课堂讲授的知识进行内化。鉴于在课堂知识正式讲解之前，教师让学生对所学知识有了基本的预习和了解，或者从某种程度上来看，学生已经掌握了简单的数学知识。因此，教师可以根据学生对课前预习题的练习情况以及学生对课堂知识掌握的实际情况，来制订有针对性的课堂探究活动。教师通过设置这些探究活动进行辅导教学，进而提升数学的教学效率。在智慧课堂的深层目标要求下，为了更好地激发学生的学习兴趣，教师可以根据学生的实际情况划分成活动学习小组，让学生在小组合作学习的环境氛围中发现自身存在的问题和不足，进而在教师指导的基础上，有针对性地学习知识。本研究所讲的课堂知识的内化不仅仅是让学生更好地掌握课堂知识，更需要教师在对课堂实时监测与统计的过程中来增强教学的有效性。在整个知识内化过程中教师起着引导者、参与者的作用，真正体现以"以学生为主体、以教师为主导"的教学思想。例如，在图形初步知识课程的教授中，教师需要让学生在对余角和补角相关知识了解的基础上，通过图形等形式加深对这一概念的理解与认识。

在智慧课堂教学的要求下，不仅需要教师加强课前知识的传递以及课堂内容的深化，同时还需要教师在课后进行一定的分层指导工作。在这里我们需要对分层指导工作有正确的认识，这需要教师根据学生的实际情况进行一定的作业结构优化，通过划分学生学习小组的形式来进行课后作业的布置与安排。与此同时，教师需要进一步明确这种分层指导工作的可变性，鉴于学生个体发展的特点以及对数学模块知识的认识程度，在把握分层指导工作灵活性的前提下，实施有针对性、高效的数学课堂教学。通过课后分层指导，能够真正解决传统教学知识讲述上的不足，能够促使数学基础好的学生去寻找解题思路，开阔学生的数学思维，同时也能够让数学基础较差的学生掌握学习的具体方法，提高其数学成绩。例如，教师在讲授几何空间相关知识的过程中，通过几何空间相关知识的讲授以及教学方法的使用，来更清楚地了解学生对相关模块知识的掌握程度。可将几何知识掌握较好但代数学习不强的学生划分为一组，以及将相反情况的学生进行划分，在课后分层工作指导的过程中，可以根据不同组别之间的学生进行高效化、针对性的辅导，进而让学生综合掌握知识。

综上所述，智慧课堂下的初中数学教学模式是以翻转课堂为背景，以校本作业为辅助，在实践过程中反复锤炼而成。伴随我国社会经济的快速发展以及教育事业的欣欣向荣，尤其是面对互联网技术的深入发展，智慧课堂在数学教学中的作用和重要性越来越凸显。数学作为初中阶段学生学习的重要课程和内容，运用智慧课堂教学模式，在很大程度上有助于初中数学教学效果的提升以及学生数学学习主观能动性的充分发挥。

第四节 数学意识与初中数学教学模式

初中数学教学模式探究是关系初中数学教学能否有效进行的关键。在此过程中，不仅要重视初中数学知识的教学，同时也要重视教学模式形成的过程。在初中数学教学模式探究过程当中，应该将数学意识放在第一位，为学生主动地创造自主思考的机会，培养学生的数学思维意识。本节就数学意识视角下初中数学教学模式探究的现状进行分析与思考，提出了探究初中数学教学模式的方法，希望可以解决数学意识视角下初中数学教学模式开展期间遇到的问题。

在当前课程改革的大趋势下，基于数学意识视角下初中数学教学模式的探究至关重要，初中数学多数情况下只能形成肤浅的理论知识，而难使学生形成深刻的印象，也难以培养学生的数学思维意识。要想真正探究数学意识视角下的初中数学教学模式，就要从研究初中数学教学模式的现状出发，提出相应的解决数学意识视角下初中数学教学模式遇到的问题，从而促进初中数学教学模式的发展，解决好数学思维视角下初中数学教学探究的难题，这也是初中生培养数学思维逻能力的当务之急。

一、数学意识视角下初中数学教学模式探究的现状

初中数学教学对培养学生数学思维与意识的形成有关键作用，有着承上启下的作用，然而，在实际的初中数学教学过程当中，教师的经验并没有改变当初中学数学教学模式探究的落后现状。大部分教师并没有经过深刻反思，使自己的经验上升到一定的层次，反思环节的缺失，会大大地影响教师的教学能力与水平，进而影响初中数学教学的效果。

在实际的情况下，数学思维视角下的初中数学教学模式探究遇到很多的问题，无论是教学设计层面，还是教师课堂教学的组织，都没有将数学意识深深地贯彻到日常的教学活动当中，教师之间缺乏及时有效的沟通与交流，难以形成相互之间的借鉴与促进成长，导致初中数学教学模式探究止步不前，进而影响着初中数学教学的效果。

二、在数学意识视角下进行初中数学教学模式的探究方法

如果没能积极解决好数学意识视角下初中数学教学模式探究的难题，就难以发挥初中数学教学模式的效果，进而形成初中数学难教的恶性循环。解决好数学意识视角下，初中数学教学模式的探究可以从以下几个方面出发：

把握教学原则，实施自主教学。自主教学是解决数学意识视角下初中数学教学模式探究难题的首要步骤，初中数学教学模式应该以充分地发挥学生主观能动性为基点，将数学知识、数学思想、教学方法相结合，将复杂难懂的数学概念、定理融入日常的教学环节中。

让学生体会到知识的形成与发展过程至关重要，只有学生自己掌握到解决问题的方式方法，才能在掌握现有知识的基础上，增强数学思维意识。

发挥初中生的主观能动性，也有利于将一味地灌输知识的教学转为学生自主探究的学习，在此转换过程中，学生可以培养自己的数学逻辑与思维。例如，在讲解人教版两个负数比较大小的问题时，教师可以在教学当中把握逐级渗透的原则。区分本节课的重难点知识，把难点一一讲解，把重点留给学生自主探究与探索，培养学生的数学思维，使学生在了解重点知识的过程当中，潜移默化地领悟到蕴含在数学当中的数学智慧。教师把握教学的原则，使学生自主地去学习，不仅可以摆脱传统的生搬硬套的教学，同时也能积极地探索灵活多变的教学模式，将教学与实际相结合，使教师的教与学生的学紧密地结合在一起，也能够使学生在自主学习的过程当中理解和记忆数学理论知识，进而提高自己的数学思维能力。

优化数学课堂教学，提高数学逻辑。基于数学思维视角下的初中数学教学模式的探究，离不开数学课堂教学的优化，数学问题的形成过程与数学的逻辑紧密关联，如果学生难以理解数学理论知识当中存在的逻辑，那么就会对整个知识的理解过程产生偏差，进而使初中数学教学的效果大打折扣。

优化数学课堂的教学是提高学生数学思维与逻辑能力的关键步骤，将数学思维的培养与学生的课堂教学结合在一起，不仅可以使学生掌握到课堂教学的内容，同时也能够提升教师的教学效果。教师在实际的课堂教学过程当中，应该突出课堂教学的重难点，让学生清晰明了数学的教材内容，进而有充分的时间去理清数学理论知识当中存在的逻辑问题，来提高自己的思考能力、解决问题的能力。

例如，在学习人教版的"直角坐标系"一章时，教师可以将实际中的座位表与直角坐标系相结合，时刻向学生贯彻数学思维与实际有紧密联系这一思想，使初中数学课堂的教学更生动形象，也能够加深学生对数学知识的理解和掌握。数学思维视角下的初中数学教学模式的改变，将会在极大程度上影响初中学生的数学思维与逻辑能力，教师应该对初中数学教学模式进行创新，不断地提升学生学习初中数学的兴趣，养成用数学思维解决生活问题的好习惯，进而突破自己的思考误区，提升自己的数学思维能力。

有效的初中数学教学模式不单单是机械性的重复与记忆，而是教师主动地引导、学生自主探索，进而形成对数学理论知识的深刻印象与理解，提升自己数学思维能力的过程。在日常的数学学习过程当中，教师应明确教学的目标，优化教学的过程，不断地解决数学思维视角下初中数学教学模式探究的难题，不断地探究新的数学教学模式，提升学生学习初中数学的浓厚兴趣，促进初中数学思维能力的养成。

第五节 学为中心与初中数学教学模式

新教育理念提倡课堂应该以学生的学习为中心。教师在教学中要坚持以学为中心的教学原则，努力提高教学质量。为此，本节主要对以"学为中心"的初中数学教学基本模式进行研究，希望为初中教师提供帮助。

虽然当前教育部门已经提出了"学为中心"的教学理念，但就目前初中数学教学情况来看，的确存在着教师对学为中心教学理念认识不清、教学方式单一、教学课堂积极性不足等问题，这无疑降低了初中数学教学质量。所以，在新的教学要求下，教师应当从倡导学生自主学习、开展小组合作学习、引导学生进行知识归纳反思等方面出发，进而提高数学教学质量。

一、倡导学生自主学习

教师要想在课堂教学中落实学为中心的教学模式，首先就应当要求学生树立起自主学习意识，这主要是因为当学生树立自主学习意识后就可以全身心地投入学习中，进而提升学生的学习质量。但就当前初中数学教学来看，部分教师依旧没有正确认识学为中心教学模式的重要性，缺乏对学生自主学习意识的培养，这无疑就降低了学生的学习效率，不利于学生后期知识的学习。因此，在学为中心的初中数学教学基本模式中，教师应当转变自身传统教学观念，倡导学生自主学习。

例如，教师在初中数学教学中可以先让学生进行课本基础知识的预习，而后在课堂上随机选取若干名学生进行预习情况汇报，要求其说出自己在预习过程中所遇到的难题。首先，当学生汇报完自己的学习成果后，教师就需要及时对学生的预习情况进行点评，指出学生预习中存在的优点与不足，并详细解答学生在预习中所遇到的种种问题，这样可以让学生体会到学习的快乐，进而树立学生的自主学习意识；其次，教师在完成学生预习讲评环节后，就需要为学生详细讲解数学课本章节理论知识，着重分析理论知识中较难理解的部分，以此加深学生对数学基础知识的记忆，保证课堂教学质量；最后，教师需要以书本理论知识为基础提出"你认为本章节的重点是什么""你能够自主完成课后题的解答吗""你认为自己掌握了多少基础知识"等问题，并让学生在复习了课本知识后独立完成课后习题，以此检验学生的学习情况。通过上述各种自主学习措施的落实，既可以体现学为中心的数学教学基本模式，又可以提高学生的自主学习能力。

二、开展小组合作学习

虽然初中生在经过小学阶段的数学知识积累后已经具备了一定的独立学习能力，但初中的数学题目相对于小学来讲难度较大，其中有一些题目需要初中生合作才能解决，所以，教师在教学中应当及时开展小组间合作学习，以便提高学生的合作能力。但当前部分初中教师在落实学为中心的基本模式时却忽视了合作的重要性，错误地认为只有竞争才能够激发学生的学习积极性，提高学生的学习能力，这就会影响初中学生综合能力的提升。因此，鉴于合作的重要性，教师在学为中心的初中数学教学基本模式中应当积极开展小组合作学习。

例如，教师在教学中可以先对学生进行数学学习能力考核，然后根据考核成绩进行分组，这样可以保证每个小组的学习能力相当。首先，在分组完成后，教师需要选取小组中学习能力较强的学生担任组长，并宣布小组组长实行轮流制，即每次考核后，教师都会根据学习成绩来选择新的小组长，这样可以提高学生的学习兴趣。其次，教师在课本知识教学中可以让学生以小组为单位进行知识的预习，让学生自己找出书本中的理论概念、重点公式、重点习题。而当学生完成预习任务后，教师便可以从每个小组中随机抽取一名学生汇报小组成员预习情况，并从各个小组中选出预习情况最好的小组进行奖励，这能够让学生认识到小组合作的重要性，进而保证小组合作质量。最后，教师在课后习题的计算中也可以以小组为单位让学生自行核对答案，并确定正确的答案。通过上述小组合作学习模式的落实，可以提高学生的学习能力。

三、引导学生进行知识归纳反思

知识的归纳反思对于初中生数学知识的学习来讲是十分重要的，这主要是因为初中数学知识点较为零散，如果学生在每一章节知识学习完成后不能够及时地对知识进行归纳汇总，就可能会影响学生后期的知识复习，所以教师应当在以学为中心的初中数学教学基本模式中及时引导学生进行知识的归纳反思，不断加深学生对数学知识的记忆。

首先，教师在初次上课前可以拿出10～15分钟来讲解知识归纳反思的重要性以及如何进行知识的归纳反思，这样可以加深学生对知识归纳反思的重要性；其次，教师可以要求学生建立知识反思归纳本，要求学生在每节课结束后及时将本节课的重点内容以及例题记录到归纳本中，并不定期进行抽查。如果教师在抽查过程中发现学生不能够按照教师要求进行知识点的归纳反思，那就应当对该学生进行思想教育，让其认识到自己的错误，进而提升学生的数学能力。最后，教师在引导学生进行知识归纳总结时，也可以落实家校共育的教学方式，即建立家长微信群，并不定期地在群中上传学生优秀的知识归纳反思记录，以此让家长了解学生的学习态度。通过上述各种措施的共同实施，可以有效提高学生对知识归纳反思的认识，保证了学为中心教学模式作用的发挥。

学为中心是近些年教育部门提出的一种新的教学观念，其要求教师在教学中应当以学生为中心，保证一切教学活动都围绕学生进行，进而提高学生的学习能力与学习质量。但就目前各个中学对学为中心教学模式的落实情况来看，大部分教师依旧没有认识到学为中心的重要性，甚至部分教师依旧按照传统的教学思路进行教学。所以，在新的教学要求下，初中数学教师应当正确认识学为中心教学模式的意义，及时创新教学方式，逐渐培养学生的自主学习意识以及合作学习观念，以实现学为中心的教学理念。

第六节　思维导图与初中数学教学模式

随着国家对素质教育的重视，传统教学模式已经无法适应新一轮基础教育课程改革的发展。现阶段，只有不断地改变教学模式和思维方式才能适应教育发展需要，而对于初中数学教学而言，思维导图已经成为一种新的教学模式应用到教学中，大大提高了学生的学习积极性，因此，本节对基于思维导图下的初中数学教学模式进行研究，试图为之提供行之有效的可行性建议。

在大力发展素质教育的良好形势下，传统学校教学模式已经发生了变化，大量的电子信息工具、自媒体已经慢慢渗透教学领域，传统课堂教学也在逐渐摆脱单一讲授教学模式，由老师满堂灌模式转变为学生合作学习和自主学习，而在初中数学教学过程中，思维导图的应用极大地提高了教师的教学积极性，对发展学生思维也起到了很好的促进作用，这一模式的应用大大提高了学生成绩，同时促进了学生创新能力的发挥。

一、思维导图模式的评价

（一）思维导图的含义

思维导图是表达发散性思维的有效的图形思维工具，是一种充分运用左右脑的技能，利用记忆、阅读以及思维的规律，协助人们在科学艺术、逻辑与想象之间平衡发展，能够促进人体大脑技能开发的心智导图。在初中数学教学过程中，教师可以利用思维导图去指导学生，从而激发学生的积极性和主动性，为数学知识的掌握奠定基础，思维导图在初中数学教学过程中具有很好的辅助作用。

（二）思维导图的特征

思维导图是一种新型的思维方式，能够发散和表达人的思维，经过教育学家研究，思维导图呈现四大基本特征：第一，中央主体图像的中心点可以显示思维导图；第二，主干部分的主题显示思维导图的思维方式；第三，分支是由一个和主题相关联的关键图像或者文字构成，让学生尽可能产生联想，不是核心的话题也用分支表达，并依附于较高层次的分支上；第四，各分支形成一个连接的节点结构。

二、思维导图下的初中数学教学模式

（一）教师课前利用思维导图备课

教师课前可以利用思维导图进行备课，思维导图可以确定教学目标、重点、难点以及教学过程，做到课堂内容目标明确，重难点突出，知识点脉络清晰、简单明了；另外，教师在备课的时候，可以将内容和下节课内容关联起来，将下节课要学习的内容布置给学生作为课后作业，让学生利用思维导图对下节课提前预习，可以起到很好的辅助作用。

（二）利用思维导图进行课堂教学

首先，课堂上，教师在教授初中数学时，由于数学比较枯燥乏味，可以利用思维导图，让学生绘制思维导图，师生共同对学生绘制的思维导图进行点评，分析其中的优缺点，形成教学环节；其次，通过点评，按照分组学习讨论方式完成新的思维导图；最后，师生共同绘制思维导图，让学生发言表达绘制思维导图的感受，同时在复习课上，教师可以将习题和思维导图关联起来，提高学生的理解能力，充分利用导图的妙处，使教学效果最优化。

（三）利用课后思维导图反思教学

教学反馈效果是教师在教学中的一个重要环节，教师只有自身进行教学反馈才能找到自己的教学失误，教师应该对学生构建的思维导图、修改后的思维导图以及对学生的课后作业情况中存在的问题进行反思、分析，找出自己数学教学过程中的难点和不足，以便在今后的教学中改进。

三、思维导图下的初中数学教学应用

初中数学课程存在很多特性，比如，存在一题多解的特征，如果教师在教学中一一解答，必然很浪费时间，所以利用思维导图就能解决很多问题。首先，教师在讲解数学问题时，要让学生进行自主学习，利用思维导图的方式将其呈现出来，这样既锻炼了学生自主能力，又提高了课堂效率。其次，在解答平面几何的过程中，数学教师应该让学生利用思维导图进行解题，解题方式有平移法、登记法、分割法以及类比法等多种方法，这几种方法还能延伸出多种方法，学生可以进行交流沟通，讨论哪种方法更适合解题思路，再进行统一汇总思路，培养出学生的思维方式，让学生自主认知解题方法，标注每一种使用条件，之后再以例子将各种方法标志其中。最后，如解答"数与代数"二次函数 $y=ax^2+bx+c(a \neq 0)$，这是初中代数教材的难点和重点，从知识结构体系中，二次函数与多种函数方程式都有重要的关联，它主要包含二次函数的概念、特征、性质、图形以及应用功能等内容；从数学思维方式上看，二次函数是运动变化的，它渗透着数形结合的思想、配方法以及待定系数法等；从研究过程看，是一种特殊性和普遍性的函数，包含函数的转化思想。

综上所述，初中阶段是学生掌握数学知识的重要环节，初中数学教师应该多加引导，通过新颖的创新教学方法，帮助学生充分地掌握数学理论知识和解题分析能力，在保证教学质量的同时，又可以兼顾思维导图的方法，发展学生的发散性思维，从而培养学生的逻辑思维能力和分析解题能力，让学生能在数学学习中感受到乐趣，培养学生热爱数学的兴趣能力，结合数学老师的讲课思路，进而培养学生的创新能力。

第七节　翻转课堂与初中数学教学模式

翻转课堂已经成为我国现今教育领域改革的一项重要举措，尤其在初中数学新课程改革背景中，已经取得了突出性的成就。随着科教事业的迅猛发展，各式各样的学习资源已经能够满足初中数学教学的需求，而如何利用好这些资源已经成为目前急需解决的一大问题。翻转课堂作为一种新型的教学模式，不仅有助于学生很好地对知识点进行消化和吸收，同时更有助于培养学生对数学的学习兴趣，这种教学模式较之传统的教学方法有着显著的优越性，本节就如何有效利用当前的资源进行探讨，在认清翻转课堂本质的前提下，就教学模式的设计进行分析，希望翻转课堂在促进我国初中数学教学发展方面起到积极的作用。

一、翻转课堂的本质内涵

翻转课堂设计不同于传统的教学设计，它颠倒了传统的教学设计，又可以被称为翻转教室、颠倒教室、翻转教学等。翻转课堂就是将以前在课堂上讲授的知识，让学生在课前进行学习，而在课堂上，老师的主要任务就是帮助学生答疑，有针对性地去解决每个学生在学习过程中的问题，帮助学生很好地吸收和消化知识点。翻转课堂主要包括两个环节：课前和课堂。课前要求学生根据录制好的视频进行自主学习，视频可以是老师自己录制，或者是统一使用的标准化教学视频，也可以是其他类型的视频资料。并且要求学生将自己课前学习过程中遇到的问题，反馈给老师，老师对学生反馈的问题进行分析，并在课堂上有针对性地予以解决。在课堂上，学生能够根据在课前所学习到的知识，解决老师在课堂中提出的问题。教师也通过组织学生进行分组讨论，互相学习，增进学生对知识点的理解。在学生讨论过程中，老师给予个别学生以个性化辅导，保障每一位学生都能够吃透所有知识点。翻转课堂有助于学生根据自己的时间，合理安排学习时间，按照自己的接受程度来自己设计教学方式和教学进度，让学生充分享有学习上的自主权，教师的主导地位被削弱，不再是学习上的主导者，而是学生学习过程中的辅助者，当学生学习过程中出现问题时，教师可以及时地从旁指导，或者与周围同学进行讨论，从而将知识点消化和吸收。

二、翻转课堂的初中数学教学设计

基于翻转课堂数学教学设计的实质是按照为什么、是什么、怎么做、还能怎么做这些问题展开的。由此，我们进行初中数学教学就应当围绕这几个问题设计，其基本思路是由课前设计、课堂设计、课后设计这三个板块构成。课前教学设计是在回答为什么、是什么这个问题，学生需要在这个环节里，在自己原有的知识基础上去理解新的知识要点，掌握新知识，提高知识运用能力，教师在这个环节只是充当辅助的功能，为学生提供具体的学习资料，创设学习情景，充分地运用多种教学手段，帮助学生对知识点进行消化和吸收；在课堂上则是在回答怎么做的问题，学生在课前进行知识点消化吸收后，能够在这个环节进行运用和创新，针对教师提出的具体数学问题进行解决，提升知识运用和创新能力。教师在这个环节则是充当组织和引导者，为学生提供验证其知识点掌握情况的机会，帮助学生熟练运用知识点去解决问题；在课堂后则是在进行拓展，回答还能怎么做的问题。在这个环节，学生消化吸收好知识点后，能够进行系统的梳理本次知识点的学习与以往知识体系的联系，这需要学生对刚刚学到的知识点进行复习和巩固，这个过程有助于提升学生的学习兴趣。具体课前、课中、课后的设计可以从以下几方面进行设计：

（1）课前设计。教师应当在课前对充分地利用教学资源、合理的教学活动设计都已经有了有效的考虑。在进行教学活动设计时，应当从学生的角度进行分析，根据教学内容安排，严格按照课程标准，在学生能够接受的范围内进行设计，最终完成教学目标。在教学课件的设计中，要采用通俗易懂的方式进行知识点的展示，以寓教于乐的形式进行教学，如适量地用动画形式进行展示，从而培养学生学习兴趣。与此同时，教师也可以充分地利用现有的网络资源，将与知识点相关的资源上传到网络中，要求学生通过网络提前进行学习，而教师则根据学生在学习过程中提出的问题，了解学生知识点的欠缺，能够在课堂中有针对性地帮助学生解决问题。提前学习是学习新知识的铺垫，学生应当按照教师的安排进行自主学习，并做好笔记，对难以吸收消化的问题通过网络和老师或者同学进行讨论。提前学习是翻转课堂的重要环节，使用翻转课堂进行教学需要重视起课前设计的重要性。

（2）课中设计。课中环节重点在于老师与学生之间、学生与学生之间的互动，这个阶段有助于学生个性化的养成。在课堂上，老师与学生的沟通很关键，通过沟通有助于教师了解学生对知识点的掌握情况，加深学生对所学知识点的消化吸收，从而对数学产生兴趣。老师的任务就是按照教学目标的要求，针对学生的具体情况，科学合理地设计教学活动，及时解决学生在课前的困惑。对于初中生来说，已经有了独立意识和自我意识，这个阶段学生的教育应当以学生为主体，教师多听，多了解学生的想法，作为辅助者去解决学生在学习中存在的问题。

（3）课后设计。课后设计是学生内化知识的环节，是学生对已经学习到的知识的整理。学生经过课前与课中的学习，对知识点也已经有了一定的理解和认识，但是如何将这些知识点融入数学知识系统当中，内化到学生知识体系当中，还需要学生自己在课后进行整理。学生需要对视频和教材反复思索，不断地进行探讨和交流，才能将知识真正融入自身的知识体系当中。

总而言之，科学合理地进行课堂翻转能够充实教师的教学手段，将学生作为教学过程的主体，不仅有助于提升学生的自主学习能力，而且还能提高学生对数学的学习兴趣。翻转课堂作为当前初中教育改革中的一项新型教学模式，需要教师妥善地进行教学设计，才能实现提升初中学生数学水平的目标。

第八节 生本理念与初中数学教学模式

在初中数学教学中实施生本教学理念，可以有效突出学生的主体学习地位，提高学生学习数学的主动性。本节就如何在生本教学理念下构建初中数学教学模式，提高数学教学的有效性提出了一些可行性措施，希望能给初中数学教学提供有益的参考与借鉴。

新课改倡导生本教学理念，最大限度地突出学生的主体学习地位。生本教学就是以学生为根本，尊重学生年龄特点与身心发展规律，尊重学生的生命体验，满足学生个性化学习要求，在教学过程中充分信任学生，挖掘学生内在的学习潜力，发挥学生的学习主体作用。在初中数学教学中实施生本教学理念，就是把学习的主动权都交给学生，为学生提供更多自主学习的空间，让学生在自主、合作、探究的学习模式下有效地进行探索与交流，完成知识建构，不断地提高数学综合能力。如何在初中数学中实施生本理念，提高数学教学的有效性，是摆在初中数学教师面前的重要课题。

一、实现教师地位的转变，突出学生主体地位

在传统的初中数学教学中，教师一直处于教学的主体地位，教师独霸课堂，满堂讲解，学生处于被动地位，机械记忆，处于无问题意识状态，缺少主动学习的机会。新课改倡导生本教学理念，教师要实现由传统教学的主体地位向主导地位的转变，由传统教学的讲解灌输者转变为学生学习活动的引导者、组织者和合作者。教师要为学生创设更多自主学习的空间，充分发挥学生学习的主观能动性。例如，根据学生在生活中都有去影院看电影的经历，电影院观众席的所有座位都是按"几排几号"进行编号的，这样就可以确定每位来电影院看电影的观众的具体位置。在讲解直角坐标系时，就可以从电影票的对号入座及教室的座位来引入直角坐标系的学习，学生就会自然贴切地接受知识。然后让学生分组讨论直角坐标系的相关知识点，教师可以参与各小组的讨论与交流，及时发现问题，给予及时

的引导与点拨，整个课堂体现了学生主体学习活动，既让学生在探究学习中品尝到收获知识的快乐，又提高了数学学习效果。

二、营造民主教学氛围，培养学生参与意识

在数学教学中营造民主和谐的教学氛围，是培养学生参与意识和激发学生积极参与教学活动的前提。教师要创设新颖有趣、难度适中的教学情境，教学情境的创设要具有启发性与开放性，让学生在旧知识的基础上建立新知识，培养学生的数学学习能力。例如，在执教"因式分解"相关内容时，需要根据学生以前学过的"平方差公式"，让学生注意容易产生错误的地方，并利用"整式乘法"的平方差公式，从而转化为"因式分解"的平方差公式，帮助学生真正掌握公式的含义，从而激发学生兴趣，激活学生思维，促进学生对知识的理解与掌握。另外，教师要注重运用现代化的教学手段，激发学生参与教学的积极性。例如，利用多媒体信息技术，改变学生的学习模式，体现学生学习的自主性与互动性，学习过程与范围也更加开阔与开放，利用现代媒体创设教学情境，比传统教学仅凭课本、黑板、粉笔等简单教具更有效，更丰富多彩，可以有效地吸引学生注意力，使抽象的知识更直观，枯燥的知识更形象生动，提高学生的数学应用能力。

三、开展合作学习活动，培养学生合作能力

培养学生的合作能力是时代对人才的素质要求，合作学习模式对初中数学教学产生了很大的促进作用。在数学教学中，教师要选择合适的内容组织学生进行合作学习，杜绝流于形式的所谓合作学习。实践研究证明，并不是所有的知识都需要合作学习才能完成，对于一些比较简单的数学知识，学生通过自主学习、独立思考就可以完成。在初中数学中的合作学习内容，应该是数学知识结构与层次比较复杂，学生学习起来具有难度的问题；也就是合作学习的内容要具有挑战性，对于这些富有难度的数学问题，学生自己思考解决比较困难，甚至无法找到解决问题的思路，通过合作学习的模式，学生相互交流与借鉴，集大家的智慧解决问题，提升学生合作能力。

四、创设问题情境，促进学生探究能力的提高

数学学习不能只限于理论的学习，不能只是教师的讲解与灌输，更重要的是把课堂交给学生，突出学生探究学习的地位，促进学生自主学习能力的提高。教师要为学生提供更多的机会，激发学生的创新意识与创造潜能，特别是培养学生的问题意识，提高学生的探究动力。例如，在学习圆的性质时，教师采取了探究的方法，让学生在探究活动中内化知识。首先让学生探究过一点能画几个圆，其次是让学生探究过两点能画几个圆，探究圆心

与两点间的位置存在怎样的关系，然后让学生探究如果三点不在一条直线上，那么如何过这三个点画圆，能画多少个圆。学生自主探究分析，对圆的性质有了一个比较系统且全面的认识，深化对知识的理解。

  总之，在生本理念下的初中数学教学，有效突出了学生的主体学习地位，激发了学生的学习主动性。教师要以学生为中心安排教学内容与教学程序，有效地开展自主、合作、探究学习，让学生在探究中完成知识的建构，以促进学生自主学习能力的提高。

第四章　初中数学教学方法创新

第一节　初中数学分层教学方法

随着新型教学理念的不断发展和大力推崇，教育领域的相关问题已经受到了社会各界的广泛关注。其中，初中是学生学习过程中的过渡阶段，是学生培养各项思维能力的主要时期，也是学生锻炼各种综合能力的关键环节，其重要程度不言而喻。因此，初中数学教师应该深感肩上的责任重大，在授课的过程中应该将宝贵的教学经验和崭新的教学理念融会贯通为一个有机的整体，让每个学生都能够在分层教育理念的滋养下受益终生。本节对现阶段初中数学课堂的授课方式进行了详细分析和总结，并提出一些切实可行的教学措施，旨在帮助每个教师都能够在原有的基础上提升自身的课堂效率。

初中教师在授课之前应该明确自己的教学目标是全体学生。无论学生以往的学习成绩是否优秀，教师都应该抱有一视同仁的态度，并且相信每个学生在自己的引导及栽培下获得数学能力的显著提升。为此，教师必须摒弃原有的教学观念，不能仅注重栽培成绩优秀的学生，同时还需要深度挖掘后进生的潜能，让不同层级的学生都能够在分层教学方式的指导下逐步找到适合自己未来发展的学习方式，教师也能够为社会培养出更多数学领域的栋梁之材。

一、教师应对教学目标进行分层

每个学生的思维方式都是存在差异的，其性格特点也不尽相同。根据以上特点，教师应该积极采用分层教学的理念，这样才能够让不同学习能力的学生得到个性化的教学方式。分层教学并不是简单地把学生分成一定的层次，而是依据教学内容的变化、学生的学习情况、教学环境和条件等相关因素，通过整合按照一定的标准和教学目标开展梯度化的教学，在此过程中每一位学生都获得了尊重和发展，他们的个性和能力得到提升。分层教学模式的第一步就是了解学生，掌握学生的基本情况，然后做好学生之间的搭配和配置。分层教学的目的不是分开授课，而是实现教学的针对性和有效性。比如，教师在讲述人教版数学教材七年级下册中第五章"相交线与平行线"的时候，便可以积极利用这种教学方式。在这堂课中，学生不仅需要学会通过自己的肉眼判断两条直线是否能够构成平行线，更重要的是，学生需要掌握平行线的判定依据。学生需要将自己学到的理论知识与自身的智慧进行紧密结合，随后将自己的判定思路条理清晰地呈现出来。这种学习内容对初中生而言是具有一定困难的，需要学生调动自身的空间想象能力，同时还需要学生进行逻辑清晰的文字叙述。这对于学习能力较强的学生而言是能够轻松达成的，教师在为这类学生制定教学目标的时候便应该具有更高的要求，学生不仅能够将平行线的基本概念阐述出来，还需要深刻理解平行线的两种判定依据和平行线的三种性质。对于数学理解能力较差的学生，教师则需要重新制定较为简单的教学目标。此类学生对数学知识的消化吸收能力是较为匮乏的，如果为其制定难度较大的学习目标必然会严重打击其学习的主动性，还会大大地削弱其学习数学知识的自信心。因此，对于这类学生，教师仅要求其将平行线的概念及两种判定方式理解即可，这样才能够切实帮助后进生夯实基础，在日后的数学问题解答时学生至少能够将基本的知识掌握牢固。

二、教师应对课堂问题进行分层

提问是师生之间使用频率最高的交流方式，也可以从根本上提升教师的教学效率。为此，每个教师在授课之前都需要将所授课程的主要内容进行分析和拆解，并从中挖掘出最具有价值的核心理念。随后，教师应该根据本班学生的实际情况制订出几个具有引导性的数学问题。在设置提问内容的时候也应该采用分层教学的理念，为不同学习程度的学生提出适合其思考的问题。如果对学习能力较强的学生提出了较为简单的数学问题，很可能导致学生对于这堂课的授课内容没有过多的关注。如果对数学成绩较差的学生提出了难度较大的问题，将会直接打击到学生学习数学知识的自信心。这两种错误的提问方式都会导致教师不能达成既定教学目标的情况，为此，教师一定要潜心研究提问的艺术，让每个层级的学生都能够在自己的指引下得到思维能力的开发和提升。比如，教师在讲述人教版数学教材八年级上册中第十章"数据统计图的相关知识"时便应该积极采用这种授课理念。教师在授课的时候先不要将数据统计图的特征总结给学生，教师可以先为学生展示一张条形统计图。对于数学基础较好的学生，教师可以提问学生能够在统计图中观察到每个数据信息代表的意义是什么，并选出一组数据，要求学生动用自己的智慧，将这组数据在总体数据中所占的比例计算出来。随后，教师还要提问这类学生是否了解条形统计图以外的统计图类型，并要求学生在黑板上将自己了解的内容进行简单的绘制。而对待数学基础较为薄弱的学生，教师则需要降低提问的难度，仅要求学生将条形统计图的组成部分以及每项数据代表的含义讲出即可。这样的提问方式才是最具有实际价值的。学生能够通过在全班面前回答问题而增长学习的自信心，学生的内心也会有一种油然而生的自豪感。教师在继续讲授更加深奥的数学知识时也会拥有浓厚的探究兴趣，学生对于数学知识会有更加深刻的认知，并且善于向教师提出具有实际价值的问题。

三、教师应对课后作业进行分层

数学作业的合理布置能够让学生在自我检查的过程中了解自身思维模式中的薄弱环节，教师也能够通过对学生课后的审阅了解到每个学生的学习进度。这样，教师在制订教学计划的时候才会更具有针对性，并可以体现出强烈的人性化特点。为此，教师一定要积极利用课下的时间钻研每个学生的作业完成情况，并据此布置更具有实际教学效果的作业内容。如果教师在布置作业的时候没有考虑以上所述的问题，很可能导致数学基础好的学生很轻松地便将习题答案解答出来，进而引起学生的骄傲情绪，甚至会导致学生的作业频频出现低级错误。而对于数学基础差的学生，此项作业的难度又可能过大，导致学生无法将题目正确解答出来，学生学习数学知识的信心会因此丧失。针对这种情况，教师必须具有前瞻性的眼光，在布置课后作业的时候也应该采取分层教育的理念。比如，教师在讲述人教版数学教材七年级上册中第三章"一元一次方程"这堂课的时候，便需要运用这种教学理念。方程式知识的运用通常情况下都与应用题之间产生强烈的关联性，学生需要将应用题中的已知条件进行拆解和分析，随后再运用自己的思维方式将最为精练的方程式罗列出来。对于数学思维能力较强的学生，很容易便可以将应用题中的核心内容分析出来，但是，数学能力较低的学生却无法通过自己的努力将复杂的逻辑关系梳理清晰。为此，教师在布置一元一次方程的家庭作业的时候，便需要采取分层教育的理念，能让每个层级的学生都可以通过自己的智慧将题目的最终答案解答出来。对于数学能力强的学生，教师应该为其布置已知条件众多且条件关系、逻辑关系较为复杂的应用题作为家庭作业，这样的题目是具有挑战性的，并且能够帮助学生从以往的思维中跳脱出来，拓宽学生的解题思路。这样，学生在面对难度更大的数学问题时便可以灵活应对。对于数学成绩较差的学生，教师则应该为其布置逻辑关系较为简单的应用题，让学生能够较为轻松地寻找到方程式的正确罗列方式，让学生能够掌握最基本的数学技能，这样，学生在考试的时候虽然不能将难度较大的题目顺利解答出来，却可以保证自己在解答基础题目的时候不丢分。

四、教师应对评价方式进行分层

学生学习成绩的提升不仅在于教师精湛的授课技能以及学生自身的学习天赋，还在于教师运用语言的艺术对学生进行鞭策或鼓励。教师在采取评价方式的时候也需要严格遵循分层教学的理念。在进行教学评价之前需要积极利用课下的时间和本班学生进行深层次的交流，知晓每个学生的性格特征，尤其是对于后进生的研究需要进行得更为透彻，这样才能够保证自身在实施评价方式的时候更具有针对性，帮助后进生增强学习数学知识的信心和耐心。比如，在期中考试结束后，教师应该与每个学生进行深入的谈话和交流。对于取得优异成绩的学生，教师不仅需要利用鼓励的语言赞赏其优异的表现，更重要的是教师需要为学生树立更为远大的学习目标，不能让学生只满足于现状，要挖掘学生更深处的潜能。

对于其存在的缺点也需要及时地指导和鞭策，这样才能够有效地防止其产生骄傲情绪。教师在面对后进生的时候则需要赋予更多的耐心，找寻学生考试过程中表现优异的地方，让学生能够领悟到自己的努力是可以被教师关注和认可的，随后教师应该告知学生自己对其有更高的期待。这样，学生才能够拥有学习好数学知识的决心和信心。只有这样，班级整体的数学成绩才可以在潜移默化中得到稳步的提升，班级内部也会形成一股隐形的凝聚力，学习风气也会因此变得更好。

分层教学法是因我国应试教育存在的弊端而创造出的一种新型的教学方法，并因其高效而被广泛使用。而将分层教学法运用好的前提条件，则是教师应当对每一位学生的学习情况都要进行充分的了解，然后再针对不同的学生情况制订不同的方案，并通过提升教师自身的综合素质，来加强对分层教学法的理解能力。合理地使用分层教学法中的各种形式，以最高效的分层教学方法来提升不同层次学生的成绩。那么，相信分层教学法会为初中数学教学质量的提高做出显著的贡献。

第二节 初中数学情景教学方法

情境教学法是指教师在教学过程中适当地引入一些具有情绪色彩的具体的场景，加强学生对教材知识的理解，让学生学习从被动变为主动的一种教学手段，因此情境教学的关键在于激发学生的学习情感。本节针对情景教学在初中数学教学中的应用进行简单的阐述，并着重讲解初中数学情景教学策略的实施需要以学生为主体，让学生在轻松愉悦的环境中分析问题、解决问题。

初中数学情景式课堂教学在实际的教学活动中，能够激活或者唤醒学生对数学学习的兴趣，以此调动学生学习的主动性和积极性。现阶段的初中数学课堂教学的情景创设是教学策略的重要研究内容，即以新课程理念和现代教育理念为基础，适合中学生心理特征的课堂情景教学模式已成为新课改要求下数学教学的主要领域。

一、初中数学课堂情景教学的现实意义

新课程改革要求下，初中数学教学不仅要考虑数学这门学科的特点，更重要的是要考虑初中学生的心理特征，这也是数学课堂情景式教学的基本原则。课堂情景式教学的基本原理是将情景认知理论与情景学习理论的基本观点与课堂教学紧密结合。教师根据数学教学计划，有目的地创设形象生动的教学情景，帮助学生正确理解教学内容，并且让学生真正得到发展。课堂情景式教学的关键在于为学生学习创造良好的学习氛围，将课堂教学内容与学生的实际学习紧密结合，激发学生的学习兴趣。创设与教学内容相一致的课堂情景教学，不仅可以帮助学生掌握基本的数学基础知识和基本方法，同时还可以让学生真正参

与到课堂教学之中，感受数学的内在魅力，进一步提升学生的学习自主性和积极性。

二、现阶段初中数学课堂情景教学中存在的问题

（一）教师对情景教学的认识存在误区

一方面，在实际的教学过程中，大多数的教师对于数学课堂情景教学的认识还不够深入，只是将情景教学作为引出数学课题的一种手段，为知识的讲授以及习题的训练活动做铺垫，情景教学并没有全面落实到整个课堂教学的过程中，因此，课堂情景教学的作用也受到很大程度的限制；另一方面，教师在实际的教学过程中缺乏运用情景教学的意识，有一部分原因来自课程的局限性，但是更多的是教师意识的淡薄。教学情景与学生的实际学习生活脱离，学生实际解决问题的能力和水平并没有得到提高。

（二）教学情景的创设质量不高

数学教学情景的设置大都依赖于现有的课本，新课程要求教师要充分地利用教材，但是大多数教师对于教学情景的设置出现了两种极端：过分地依赖教材或者完全脱离教材。在大多数情况下，教材上设置的教学情景可以很好地帮助教师完善教学情景，但是并不是所有教材上的教学情景与实际的教学内容都是相适应的，这就对教师的自身素质提出了较高的要求，要求教师能够独立创设教学情景。教学情景的设置不能完全与教学内容相符合，教师与学生将过多的精力放在教学情境之中，必要的数学知识、数学思想被淹没在教学情景之中，偏离原本的教学方向。

三、情景教学的策略研究

（一）创设问题情境，诱发学习兴趣，激发主动参与意识

苏联教育家赞可夫说："对所学知识的兴趣，可成为学习的动机。"在数学教学中，教师创造一种学生乐于学习的情境对激发学生学习兴趣，获得数学能力，提高数学素质具有重要的作用。学生感兴趣的问题是学生学习的起点，问题是点燃学生创造思维的火花。在教学过程中，教师可以借助趣味性材料（问题）使学生不由自主地走进教学内容的情境，从而积极地主动思考，寻找解决方法，实现学生主动参与。

（二）创造动手操作的情境，满足学生内心需要

苏霍姆林斯基说过："在人的灵魂深处，都有一种根深蒂固的需要，这就是希望自己是一个发现者、研究者、探索者。"心理学研究认为："智慧出于手指尖。"因此，在教学当中，我们就应尽可能地创设各种可以动手操作的情境，满足学生作为个体的人的需要，集中学生的注意力，调动学生学习兴趣，激励学生去努力成为一个发现者、参与者、探索者。例如，在学镶嵌时，我让同学们拿出一些相同的三角形或相同的任意四边形，在桌面上进行拼合，加强对本节知识的感性认识。引导学生通过刚才的实践，总结出有关镶嵌的

一些结论。学生通过这种既动手又动脑的活动,既学会了新知识,又加深了对旧知识的理解,对所学内容产生了浓厚的兴趣。

(三)通过实例创设情境,培养学生的观察能力

苏霍姆林斯基说过:"从观察中不仅可以汲取知识,而且知识在观察中可以活跃起来,知识借助观察'进入周转',像工具在劳动中得到运用一样。"苏霍姆林斯基还说过:"让学生体验到一种自己在亲身参与掌握知识的情感,乃是唤起少年特有的对知识的兴趣的重要条件。"因此,对于教学中的有些实际应用问题中的各数量关系学生不易明白时,教师可以利用直观演示法,通过学生亲自参与及观察来构造数学模型。

(四)创设成功情境,实施激励评价

奥地利教育家贝尔纳指出:"没有情感与激励的教育不会成为成功的教育。"马斯洛的需要层次理论也认为:"人的需要是多层次的,既有生理的,也有心理的,但不同时期某些需要占主导地位,如果能够使占主导地位的需要得到满足,学生的积极性会更高,前进的力量会更大。"德国教育家第斯多惠曾明确指出:"教学的艺术在于激励、唤醒和鼓舞,教师兴奋的情绪、热情的关注、勃勃的生气、殷切的期望都会转化为学生进步和发展的动力。"在学习中获得成功是学生精神力量的唯一源泉。使学生体验成功的乐趣,是使主体参与不断深化的保障,因为成功既是主体参与的结果,更是主体参与的起点。在数学教学中创设成功情境、实施激励评价是促进主体参与、巩固主体参与的最佳手段。有鉴于此,教师就必须做到:认真钻研教材,精选内容,使所做练习难易适度、梯度适中、分量适当,力求使学生一课一得,从而获得成功的欢乐;确定教学目标应以学生的学情为依据,针对不同层次的学生,提出不同程度的要求,让每个学生都得到成功的体验,保证全体学生的积极参与;对难度较高的内容,教师宜采取分步分层实施、小步子教学的形式,降低难度,消除学生的畏惧感,这样更利于加强主体的参与意识。因此,在教学中,多给学生一些成功的体验,让他们回答一个问题、做一道题,让他们在老师的引导、激励下,总结出概念、定理、公式等,试图当一回小小的"数学家"。这样,往往可以诱发学生的学习兴趣,同时也可以增强学生学习的自信心。

(五)用数学史故事创设情境,使学生"赏"中唤趣

数学是一种文化,是人类智慧的结晶,它有着丰厚的历史底蕴。以演讲、讲故事的形式介绍数学史话、数学家的事迹,可以使学生在欣赏历史人物、历史故事的同时,深深感受到学习数学知识的迫切性。

例如,在讲"平面直角坐标系"之前,讲一个笛卡儿发明直角坐标系的故事:数学家笛卡儿潜心研究能否用代数中的计算来代替几何中的证明时,有一天,在梦境中他用金钥匙打开了数学宫殿的大门,遍地的珠子光彩夺目。他看见窗框角有一只蜘蛛正忙着结网,顺着吐出的丝在空中飘动。一个念头闪过脑际:眼前这一条条的经线和纬线不正是全力研究的直线和曲线吗?惊醒后,灵感的阶段终于来了,那只蜘蛛的位置不是可以由它到窗框

两边的距离来确定吗？蜘蛛在爬行过程中结下的网不正是说明直线和曲线可以由点的运动而产生吗？由此，笛卡儿发明了直角坐标系，解析几何诞生。

总而言之，教师在创设数学问题情境时要考虑教学目标、教学内容、学生的知识水平和个人特点，将情景教学的优势全面发挥出来，促进情景教学与教材内容的贴合程度，在情景教学的促进下让实际教学向教学目标逐渐靠近，进而服务教学、服务学生，为学生营造一个宽松愉悦的学习环境。

第三节　初中数学情感教学方法

数学作为初中教学中的重点学科，具有一定的实用性，主要考验学生的思维能力和逻辑能力，同时也是学校老师和家长所关注的重点科目之一，因其难度较大，知识面较广，也给学生的学习带来一定的挑战。近年来，新课改的不断深化，给初中课堂教学提供了更为科学有效的教学方法，以期通过情感教学的方式来提高师生间的信任度，从而建立一个友好的师生关系，这为学生对数学知识的理解和掌握提供了正确指引，使学生能够主动在图形几何中不断探索，提高学生的实践操作能力，为学生全面发展奠定基础。

初中数学课堂教学中，教学质量以及学生对知识的理解会受到诸多因素的影响。而通过情感教学的方式，可以激发学生的学习兴趣，使学生能够快速进入知识的学习中来，这有助于学生更好地去理解知识并将知识转化为自己的能力。因此，教师不要忽视情感教学在课堂教学中的作用，教师应带着饱满的情感投入课堂教学中，学生在教师的带动下也会不断调整自己的学习状态，增强学生学习的积极性和主动性，学生也会在一个良好的氛围中进行学习，只有形成一种良好的课堂氛围，才会进一步地提高教学质量和教学效率。

一、情感教育在初中数学教学中的作用

情感作为人们成长发育中必不可少的组成部分，每个人都有丰富的情感，教师在数学课堂教学的过程中应结合学生心理特征以及情感需求来展开针对性的情感教学工作，这样能够消除师生间的隔阂，为学生指引正确的学习方向，使学生能够主动地去学习数学知识。除此之外，只有建立一个正确的情感互动方式才能够真正地去帮助到学生，帮助学生发挥自身的想象力，用开创性的思维去思考数学问题，并找到数学学习规律，从中感受学习数学的乐趣。初中生的情感较为细腻，内心敏感渴望得到关注，教师通过情感教学的方式，可以很好地打开学生的心结，将自身在学习中遇到的问题向教师倾诉，这也进一步拉近了师生之间的距离，教师只有明确学生心里的想法，才能更好地去解决消除学生心中的顾虑，学生才能够破除阻碍，勇往直前，有助于数学教学工作顺利开展。

二、情感教育在初中数学教学中的应用研究

（一）增强情感的感染力引导学生

在开展课堂教学活动时，教师应调整好自身的情绪与状态，这样才能潜移默化地影响学生的学习兴趣，提高学生的专注力，只有专注地学习才能更好地掌握知识内容。这就要求教师应通过饱满的热情来感染学生，学生在教师带动下也会更有学习的欲望，增强课堂氛围。教师在进行知识讲解的过程中，应多与学生进行沟通互动，学生在回答问题后教师应予以一定的鼓励，增强学生的自信心。在教学环节中，教师应结合教材内容开展趣味教学活动。

例如，在学生初中人教版数学课本中"全等三角形的判定"章节时，教师为了让学生对全等三角形有一个正确的认知，可以结合全等三角形判定标准，按照由简单到困难的过程设置相应的关卡，考验学生对知识的掌握能力，学生往往在面对困难关卡的时候会变得退缩，害怕说错；这时候，教师应鼓励学生勇敢尝试，并予以相应的提示，学生在教师的指引下就会逐渐攻破困难关卡，学生的成就感也会油然而生，不仅使学生掌握了全等三角形的知识点，同时还增强了学生学习的自信心，对学生今后的学习有着很大的帮助。

（二）合理开发教材中的情感线索

初中数学教材在编撰的过程中，会结合学生的成长特征来融入一定的情感内容，这也为教师情感教学的开展提供了一定的帮助，将情感教学很好地落实到课堂学习中来，学生也会认识到数学知识的重要性。由于初中数学知识的实用性较强，但传统的教学方式主要以灌输教学为主，加大了学生对知识的理解难度，这就要求教师积极寻找教材中的趣味性知识内容，并将其融入教学中来，使学生能够主动地探究数学知识。

例如，初中几何教学章节，几何图形丰富多样，五角星、圆形、等边三角形可以激发学生的学习兴趣。以三角形为例，三角形有一个固定的点，不仅是对称点还是三角形三条高的交点。教师在教学的过程中，可以试着让学生在黑板上连线，从而找到三角形点之间的规律，学生通过自己思考得出结论，大大提高数学学习的趣味性。其实数学知识中的概念和公式并没有学生想象中那么复杂，只是教师的方法过于枯燥，使得学生对其产生抗拒，因此，在教学的过程中应试着通过情景教学的方式，联系生活中的实例，使学生产生数学学习的亲近感，这样才能提高学生对知识的理解和应用。

（三）在课外实践活动中丰富情感体验

传统的数学课堂教学工作的开展，主要通过被动传输的方式，教师讲重点，学生记重点，这种方式虽然能够系统地学习数学理论知识，但忽视了数学课程的实践应用性。而情景教学方式要求教师打破传统教学方式，进行丰富的情感实践探究。

例如，教师应扩大教学范围，不要仅仅局限于课堂中，让学生多出去走走，观察身边

的景物和建筑，并与数学知识相结合，身边建筑就好似一个个几何体，并在课堂上进行讨论，讨论的过程就是提高学生与教师情感的过程。

综上所述，初中数学对学生今后的学习和生活有着密不可分的联系，教师在情感教学过程中应多联系生活中的实际，不断地寻找教材中的情感线索，不断地提高学生的学习兴趣，使学生处在一个良好的氛围中学习，同时还要注重对学生自主探究意识的培养，使学生主动地去探索知识、发现知识，通过实践教学丰富学生的情感体验。

第四节　初中数学案例教学方法

数学学科具有一定程度的抽象性，学生在实际学习过程中容易产生抵触情绪，这对于学生今后数学能力的提升反而会起到阻碍作用。作为一名优秀的初中数学教师，在自身的实际教学过程中，要能意识到此类现象的存在，并要积极主动地进行先进数学理念的学习，同时要能够将之因地制宜地运用于自身的实际教学之中。在众多的先进数学教学模式中，笔者最推荐案例教学模式，通过此类教学模式，学生能够具体化地进行相关数学知识的学习，促使自身的学习效率和学习质量更上一层楼。笔者结合自身多年实际教学经验，就如何在初中数学教学阶段合理运用案例教学法来提升学生的数学能力阐述自身的观点，希望能够给广大同人起到一定程度的借鉴作用。

作为一名优秀的初中数学教师，在自身的实际教学过程中，为了帮助自身班级的学生高效学习抽象的数学知识，可以采用如下方法进行案例教学：首先，可以以案例教学为切入点，增强和学生之间的课堂互动。只有当学生和教师之间具备足够频繁的互动之后，学生才能够拉近和教师之间的距离，并能够逐步体会到数学学科的魅力，从而化被动为主动地进入相应知识的学习之中。其次，教师可以以案例教学为切入点进行学生自主探究能力的培养，这对于学生今后的数学学习能够起到一定程度的帮助作用。最后，教师可以借助案例教学给学生提供最真诚的评价，促使学生步入正规的数学学习中。

一、以案例教学为切入点，增强和学生之间的课堂互动

为了促使自身数学教学效率和教学质量达到最大化，教师在实际教学过程中要能够重视和学生之间的互动。通过师生之间的互动，学生能够高效地进入相应知识的探索之中，且能够逐步提升学习的积极性，促使教师的教学效率和教学质量都能够得到提升。而为了有效增强师生之间的互动，教师则可以以教学案例为契机设计教学问题，通过问答互动的形式开展互动教学。由此，教师的教学目的就能够在最短的时间内达成。

例如，笔者在带领学生学习"一元二次方程的根与系数之间的关系"相关内容时，由于部分学生并不能在短时间内了解到两者之间的关系，在实际教学过程中，笔者采用了问

答教学模式：首先，笔者针对学生的疑惑点给学生设计了一道典型案例，其次，针对案例进行问题的设计：这个方程有几个解？它的二次项系数是什么？学生通过案例问题的回答之后，就能够逐步了解两者之间的关系，并可以通过问题的回答有效增强和教师之间的互动。

二、以案例为切入点能有效提升学生的自主探究能力

在数学教学过程中，学生自主探究能力的强弱对学生今后数学道路的发展有着十分明显的影响。为此，作为一名优秀的初中数学教师，在自身的实际教学过程中要能够有意识地培养学生的自主探究能力。而培养学生自主探究能力的最佳方案就是引导学生运用所学的数学知识进行案例问题的解决。由此，教师在自身的实际数学课堂中要能够做好案例的准备，并鼓励学生大胆探究，勇于试错。只有如此，学生才能够在最短的时间内最大限度地提升自身的自主探究能力，并能够有效通过自主探究提升自身的数学学习兴趣以及学习动力，促使自身能够在数学学习道路上走得扎实并走得更远。

例如，笔者在带领学生学习"三角形相似"的相关内容时，由于这部分知识点较为琐碎，需要学生进行强化记忆。在实际教学过程中为了帮助学生掌握这部分内容并提升自身的自主探究能力，笔者采用了如下教学方案：首先，笔者给学生全面讲解了能够证明三角形相似的条件；其次，笔者给学生设计了不同条件下证明三角形相似的典型案例，并在其中掺杂了不可以证明的反面案例；最后要求学生进行案例的自主探究，并在发现案例不能解决的时候说出自己的理由。由此，学生在案例探究的过程中就能够有效提升自身的自主探究能力，能够真正了解课堂所学内容并将之合理运用到自身的日常学习之中。由此，笔者的教学目的就能够在最短的时间内完成。

三、在案例教学过程中基于学生表现进行真诚的评价

初中阶段的学生都渴望能够得到教师的关注，有些学生甚至为了得到教师的关注还会运用一些极端的方法。作为一名优秀的初中数学教师，要能够意识到学生此类行为背后的主要原因，学生只有感受到关注和认可以后，才能够增强自身的学习自信，才能够积极主动地进入相关知识的探索之中。为此，教师要能够有效借助学生在案例教学过程中的表现给予学生真诚的点评，通过评价工作让学生意识到教师对每一位学生都有认真的关注，渴望每一位学生健康成长。由此，学生就能够通过教师的评价逐步将被动学习的状态转变为主动学习的状态，且能够逐步夯实自身的数学基础，在数学学习的道路上才能越走越远。

作为一名优秀的初中数学教师，要能够意识到初中数学相较于小学数学更为抽象，学生难以在短时间内适应。为了帮助学生做好过渡工作，教师可以以案例教学为切入点进行教学，且在案例教学的过程中有针对性地培养学生的自主探究能力。只有如此，学生才能够获得自身数学素养的全面提升，并有效地激发自身的数学学习兴趣。也只有如此，学生

的学习效率和学习质量才能在已有的基础上获得更进一步的提升。

第五节　初中数学建模教学方法

随着信息时代的到来，社会文化条件的变化对学校教育也提出了更高的要求，其中特别强调人才培养由"知识型"向"创造型"转变。数学建模教学顺应了当前素质教育新课程标准教学改革的需要。数学教学要让学生在实践应用中逐步积累，发现、叙述、总结数学规律的经验，知道一些基本的数学模型，初步形成数学建模能力，并能解决一些简单的实际问题；另外，数学的生命力在于能有效地解决现实世界向我们提出的各种问题，而数学模型正是联系数学与现实世界的桥梁。

数学建模是数学学习的一种新的方式，它为学生提供了自主学习的空间，有助于学生体验数学在解决实际问题中的价值和作用，体验数学与日常生活和其他学科的联系，体验综合运用知识和方法解决实际问题的过程，增强应用意识。总而言之，它拉近了学生与日常喜闻乐见的生活的距离，又因为它具有应用价值，有助于激发学生学习数学的兴趣。

一、数学建模思想的内涵分析

数学建模就是用数学语言、数学符号描述实际现象，用数学知识解决实际问题的过程。它将纷繁复杂的实际事物进行一种数学简化，将其抽象为合理的数学结构以此来解释特定现象之间的数学联系。数学建模的过程包括这样几个环节：从分析实际问题出发，到建立数学模型，得出数学结果，再把结果带入实际问题检验，用实际数据检验模型的合理性。若符合实际情况则可作为结论使用，若不符合实际情况则对模型进行修改和完善或干脆建立新的模型，直到最后将模型用于解决实际问题。数学建模思想的重要性在于以下几点：

①数学建模思想作为一种学习方法，可以将初中数学知识结合起来，在知识的相互渗透中挖掘出数学学习的规律。数学建模是一种综合性较强的数学解题方法，初中数学建模教学中，不仅包括实际的生活内容，同时还包括多种学科，数学建模的范围比较广阔。

②数学建模可以简化信息。数学建模的目的是将繁杂的数学信息通过科学的模型直观反映出来，将问题的主要方面表现出来，以所学知识对问题进行解读。数学建模能够让学生体验建模的过程，教师将建模思想传授给学生，让学生在小组讨论中找出最佳的建模方法，将学生的独立思考和团队合作结合起来，为学生的建模活动提供良好的空间。

③数学建模将简化后的信息抽象为数学问题，利用已知条件，对数学问题进行分析，以数学思维将文字语言数学化，以解决问题，通过模型的建立，以简化、抽象的方法将数学学习中的问题进行有效解决。再者，数学建模强调教学中的因材施教，对学生的学习水平和认知差异进行分析，发挥学生的学习潜能和优势，进而提高学生的数学思维能力。

④数学建模的应用性强。随着经济社会的快速发展，数学知识已深入人们生产生活的各个方面，数学思维能力及数学应用能力的要求也越来越高，数学建模思想不仅能提高数学应用能力，还能极大地促进数学思维能力的发展。在高考应用题解答中，建模思想能够更方便学生的解题，情景模拟式的考题形式，对学生的语言能力及数学分析能力要求较高，数学建模思想体现了素质教育对学生全面发展的要求。

二、数学建模教学难点

（一）对数学缺乏主动性

初中数学引入了函数的知识，难度突然增加，给学生造成了心理压力，许多学生会产生抵触心理，造成数学教学存在一定问题。因为函数等知识的学习和传统代数学习方法不同，教师在教学过程中对这一部分的内容往往是忽视的，造成学生无法理清题目中的各种数据关系，增加教学难度。

（二）数学逻辑管理整理能力不够

数学实际应用问题在初中数学学习中经常出现，但是学生对一些专业术语理解存在困难，无法从字面获取真实含义。例如，在数学实例分析过程中，经常会涉及贸易逆差、参考指数等问题，学生在理解上存在一定困难，使得整个教学过程也存在问题。这样教学处理过程直接对学生造成影响，无法通过已知条件获得最有效的解题方法。

（三）数学逻辑管理整理能力存在问题

学生的数学逻辑能力存在一定的问题，对于题目中什么数据可以使用也不清楚，数据之间的关系不知道如何处理，导致数学问题不能得到有效解答。例如，某超市1、2仓库之间分别有商品20、40件，现在将商品从1、2仓库之间进行移仓，分别有8和12辆，所需费用为40元，问怎样可以将费用降到最低。这个题目自身逻辑关系较多，在进行逻辑管理整理过程中涉及复杂的数据，学生对于逻辑关系整理方法不能很好地掌握，导致一些困难和问题的出现，造成教学效果出现偏差。

三、"数学建模"教学方法在初中数学教学中的运用流程

（一）模型准备

数学建模的实现有赖于对一定现实情境的分析。在初中数学教学中数学建模所面对的现实情境问题，往往是教师根据教学需要精心设计出来的预设问题。教师通过将学生的生活和数学教学的实际需要进行有机的结合，创设出符合学生实际的生活情境，为初中数学教学中数学模型的建构提供丰富的生活体验，让学生更容易借助固有的经验体会到其中隐含的数学问题。数学建模是一个由具体现象到抽象概括的建构过程。

（二）模型假设

数学建模的过程主要是根据实际问题的特征和建模的目的，对现实问题进行必要的简化过程，通过精确的数学语言把实际问题描述出来，从而实现从实际问题到数学问题的转化过程。用精确的语言提出合理假设，是数学模型成立的前提条件，同时也是数学建模最关键的一步。初中生的身心发展特点导致其本身认知能力存在一定的缺陷，加上初中数学建模自身的特殊性，在初中数学教学过程中，教师要注意学生对问题情境的解读是循序渐进的，教师更多地参与、引导和整合能够帮助学生更好地学习和掌握对数学建模的运用。

（三）模型建构

对数学模型的建构要充分地考虑初中生的接受和认知能力，要立足于学生的角度，让学生亲身经历建构数学模型的过程，这样才能让学生更好地掌握和运用数学建模。教师在教学过程中应该鼓励学生采用多样化的探究策略，根据自身的知识水平和实践能力选择不同问题解决的方式，帮助学生自主构建数学模型。

数学模型是用数学解决实际问题时使用的一种方法，它往往是一组具体的数学关系式或一套具体的算法流程，它既是一种数学的思考方法，同时也是逻辑思维的思考方式，构建数学模型是数学建模的关键。对数学模型的建构和运用的核心目标是实现对学生数学逻辑思维方式的培养，提升学生的数学思维和实际解决问题的能力，因此，对数学模型的建构一定要立足实践，让理论与实践相融合，既适应学生的认知能力发展水平，同时又充分满足教学目标的需要。

（四）模型运用与检验

在数学教学中对数学建模的运用，其目的是更好地解决现实问题。因此，数学模型最终还是要回归对实际问题的运用与解决。只有在对实际问题解决的过程中，才能使数学模型具有生命力，实现自身的价值，对初中数学的发展发挥出应有的作用。对数学建模的结果检验包括检验和应用两部分，对数学模型的每一次应用都是对模型的一次检验。在初中数学建模中，受初中生知识水平和认知能力的限制，对数学建模检验的重点只能放在模型的应用方面。数学是一门应用性非常强的基础科学，只有在不断的实践应用中才能获取数学知识的精髓，数学模型可以在很大程度上帮助学生深刻领会所学知识，顺利构建数学体系，从而大大地提高学生解决实际问题的能力，全面提升学生的综合素质。与此同时，初中数学建模流程并不是一成不变的，它要根据教学内容、教学对象、教学进度等实际状况灵活选择。

例：某商场将进价为 2000 元的冰箱以 2400 元售出，平均每天能售出 8 台，为了配合国家"家电下乡"政策的实施，商场决定采取适当降价的措施。调查表明这种冰箱的售价每降低 50 元，平均每天就能多售出 4 台。每台冰箱降价多少元时，商场每天销售这种冰箱的利润最高？最高利润是多少？

解析：设每台冰箱降价 x 元时，商场每天销售这种冰箱的利润为 y 元。

根据降价以后的单件利润 x 每天的销售数量＝每天的总利润，建立如下函数关系式：y=（2400-x-2000）（8+x），即 y=－x^2+24x+3200，求解略。

此类二次函数模型比较常见，一般步骤就是根据题目中的等量关系，列出相应的函数关系式，再利用二次函数的性质来求解。如果得到的函数关系式是一次函数或反比例函数，通常可以判断或直接给出自变量的取值范围，再求函数的最值。

第六节　初中数学支架式教学方法

在义务教育阶段，数学教学的根本目的是培养学生的思维逻辑，激发学生的学习潜能，实现数学知识在生活中的迁移与应用。在初中数学教学中，教师应当始终将学生作为学习的主体。教师可以依据教材内容，通过设定问题情境和开展小组合作等方法，为学生搭建一套有趣味性的数学支架，使学生明确数学知识之间的联系，灵活运用所学知识。支架式教学与初中数学教学相结合，能够提高学生解决数学问题的能力，促进课堂多样化，改善初中数学课堂的教学质量，提高数学学科的教育教学水平。

支架式教学模式强调学生的主体地位，从解决问题的角度出发，丰富课堂内容。要搭建支架式教学，教师就要为学生构建一个系统化的学习支架，帮助学生完善知识体系，使学生深入理解所学知识。接着，教师在适当的时候拆除支架，提高学生的自主探索能力。本节基于建构主义理论，对初中阶段的数学教学方法进行深入研究，讨论如何将支架式教学模式融入初中阶段的数学学科教学中，培养学生良好的学习习惯，实现让学生全面发展的目的。

一、支架式教学模式

支架式教学模式中的"支架"是一种比喻。"支架"是建筑领域的专业词语，指建筑房屋时用的脚手架，其能起到支撑作用，以便于后续的施工和操作。同理，数学学科的学习需要一个支架辅助构建知识体系。教师要深入探索，将支架式教学应用到初中数学学科教学中，根据学生的知识基础和接受程度，搭建数学学习支架，帮助学生理解和掌握新知识。

二、支架式教学的应用建议

（一）以学生的学习为主题，明确教学定位

支架式教学是抛弃传统课堂的以教师为核心的定位方式，将教师定位为学生学习的引导者，将学生定位为课堂学习的中心，将学生看作学习的主体。教师要判断自己采用的教

学方法是否符合本班学生的学习特点。在建构学习支架时，教师要根据学生的学习习惯设置相应的问题情境，从而帮助学生更好地理解知识。

（二）构建支架式教学模式应当以问题为中心

教师不能在数学教学课堂上进行单纯的知识讲解，而应当将问题的提出与回答作为支架式教学模式的中心环节，根据每节课所要学习的内容，设置学生能够理解并解答出的问题，引导学生通过问题学习核心知识，使学生参与进课堂教学。由上述支架式教学模式的应用方法可知，应用支架式教学模式的重点是搭建问题支架，教师通过这一问题支架将知识联系起来，让学生在解决问题的同时掌握新知识。

（三）注重师生互动

支架式教学的应用效果十分依赖师生之间的互动，只有充分地实现教师与学生之间的良好沟通与交流，才能创建更加积极的数学课堂氛围，保障支架式教学的进一步完善和落实。

三、初中数学课堂的支架式教学模式应用

（一）学习支架的适当搭建

学习支架的搭建是完成支架式教学模式的第一个环节，同时也是最重要的环节。根据学生所学的知识，教师适当地为他们搭建学习支架，帮助学生实现知识迁移，为学生学习新的知识提供良好的渠道。与此同时，支架的搭建能够提高学生参与课堂学习的程度。因此，在数学教学过程中，教师要充分地重视学习支架的搭建。

1. 搭建最近发展区

支架式教学模式的理念与最近发展区的理论之间有一定的联系。用通俗的话来讲，最近发展区指的是与个体熟悉并掌握的知识或技能相联系的一部分知识或技能。学生要学习的新知识与已经掌握的旧知识往往还存在一定的差距，而学生学习的目的正是跨越这个差距，攻克知识的最近发展区，再产生新的最近发展区。此外，初中数学各章节知识之间存在着一定的联系，在数学教学活动中，教师要注重将最近发展区理论应用于数学教学课堂，实现最近发展区的搭建。

例如，在学习一元一次不等式方程组之前，教师首先在课堂上引导学生学习不等式的概念和相关性质；然后，搭建最近发展区，适当联系一元一次方程的解法，给学生讲授一元一次不等式方程的解题步骤；最后引导学生解一元一次不等式方程组，并为其搭建新的最近发展区，帮助学生将新知识与旧知识联系起来，培养学生良好的学习习惯。

2. 依据知识内容，搭建背景支架

在数学教学开展的过程当中，教师可以适当结合要学习的新知识，为学生提供相关的背景知识，搭建背景支架，使背景知识与新知识之间产生联系，从而为学生创造熟悉的学

习氛围，帮助他们学习新知识，并最终实现知识的迁移。

教师可以依据生活中的常识，将所学知识与实际生活联系起来，从而帮助学生搭建背景支架。例如，在学习正负数的概念时，教师可以引导学生通过观察温度计的变化来理解正负数的变化及意义。在学习指数的相关概念时，教师可以根据价格的升降，为学生搭建背景支架，让学生将新知识与实际生活联系起来，帮助学生提高学习效率。

3. 凭借信息科学技术，搭建更加直观的学习支架

在飞速发展的大数据时代，各种信息技术越来越成熟，也逐渐被引入教学领域。教师在教学过程中可以充分发挥多媒体技术的优势，为学生搭建更加直观、立体的学习支架。同时，教师可以应用丰富的互联网教学资源，为学生创建良好的课堂教学氛围，丰富课堂内容，进而调动学生的学习兴趣。

例如，在学习"数据的表示"时，教师可以适当借助网络教学资源，丰富课堂所学内容。比如，教师可以引导学生通过互联网搜寻相关的数据信息（如中国2019年GDP总值、某企业的用电量、某地的水质污染情况、某地区2017年到2018年的人口总量的变动情况等)，再让学生对各种数据资源进行深入研究和分析。教师可以将学生搜集到的各类数据制作成表格，应用PowerPoint绘制出直观的数据统计图，并且通过多媒体向学生展示，让学生接触多样化的数据表示形式。教师通过信息技术为学生搭建多样化的学习支架，创设信息化、数据化、新颖化的学习课堂，同时帮助学生学习到更多的知识。

4. 依据学生的学习特点，搭建合适的学习支架

在搭建支架的过程中，教师要充分地考虑学生的学习特点及学生的个人体验。数学学科不同于其他学科，具有极强的逻辑性和抽象性。在大部分情况下，学生学到的数学知识包括概念、性质、定理、公式等，这些都是数学家们的研究成果。至于这些结论是如何产生的，学生大多没有了解。在这种情况下，学生的数学学习大多偏向于对数学知识的单一记忆与学习，这与数学学科的逻辑性相背离。支架式教学模式在数学教学中能够充分地展示数学的逻辑性思维，将学生引入数学问题情境，帮助学生推导相关的理论知识，从而完成整个数学知识的学习。

例如，在学习"异面直线"时，教师可以通过提问的方式为学生搭建学习支架。在课堂上，教师可以向学生展示一个长方体的立体模型，让学生仔细观察，然后提出这样的问题："在这个长方体中，是否存在既不相交又不平行的两条棱？"学生仔细观察之后，发现确实存在满足这一条件的两条直线。这时，教师可以告诉学生，满足这样条件的两条直线在数学领域上称作异面直线。接着，教师可以继续发问："通过观察，你们能说出什么是异面直线吗？这样的异面直线有什么特征？"学生在理解概念之后，对长方体进行仔细观察，可以发现"两条异面直线不会出现在同一个平面内"。为了帮助学生加深对异面直线定义的理解，教师可以用手中的画笔摆出两条异面直线，让学生直观地感受抽象的数学概念。另外，教师可以将异面直线的概念与相交、平行这两种直线位置关系相联系，让学生明白三者之间的联系与区别，进而帮助学生更好地学习新知识。

（二）创设问题情境，搭建趣味化的数学支架

在为学生搭建问题情境时，教师需要充分地掌握搭建的原则和特征：第一，要依据学生的认知范围设置相关的问题情境；第二，让学生明白问题情境与所学知识之间的联系；第三，提出问题后应给予学生足够的思考空间；第四，依据学生的特点，适当地调整问题的难度，从而激发学生的解题欲望。

1. 为学生创设与实际生活相联系的问题情境

教师要将问题情境与实际生活联系起来，通过结合学生的生活经验，有针对性地创设相应的问题情境，让学生在熟悉的环境中快乐地学习。

例如，在"均值不等式"的教学过程中，教师可以创设以下问题情境。情境1：你在a商场和b商场分别看中了同一款商品，并且a商场和b商场都开展促销活动，在a商场购买第一件打五折，在b商场购买第一件打六折。在a商场购买第二件打七折，在b商场购买第二件继续打六折。如果你打算购买这件商品，你会去哪一家商场购买？情境2：假如小明有一台天平，天平两侧的臂长长度有一定的差距，小明用这台天平对某一物体进行称量，将这一物品分别放置在左右两侧的托盘内进行称量，小明认为两次称得的结果之和除以2，便是该物体最终的重量。你们思考一下，这种方法是正确的吗？为什么？教师通过创设与实际生活紧密联系的问题情境，让学生能深入思考，提高学生解决问题的能力，增加学生对知识的熟悉程度，培养学生的思维能力。

2. 培养学生的自主探究能力

在数学学科教育中，最重要的任务之一便是培养学生的自主探究能力，让学生在学习知识的同时，提高灵活应用知识的能力。要培养学生的自主探究能力，教师除了要在数学课堂上为学生创造合适的问题情境之外，同时还要提高学生对知识的运用能力，让学生形成良好的学习习惯，将学到的新知识与旧知识相融合。

例如，在学习"全等三角形"时，在学生对全等三角形的概念有了基本了解之后，为了加深学生对全等三角形的理解及对其性质的掌握，笔者分别设置了两个命题。第一个命题是"面积相等的两个三角形全等"。学生基于对全等三角形的了解能够很快回答。第二个命题是"面积相等的两个三角形周长也相等，那么这两个三角形是全等三角形"。学生在听到这一命题时，由于对全等三角形的知识理解不够深入，会存在疑惑。这时，教师可以引导学生放好心态并独立思考，也可以让学生尝试在纸上画三角形，通过思考和实践得出结论。如此一来，学生有效地解决了实际问题。这一过程加深了学生对知识的理解和掌握，同时提高了学生的学习能力，培养了学生的探索意识。

3. 引入小组合作学习的教学模式，进行支架式教学

当出现学生不能独立解决的问题时，教师可以在课堂上采用小组合作的教学模式，让学生以小组形式进行交流和沟通，进一步解决问题，从而落实支架式教学。在实际的教育教学过程中，教师还可以创新教学方法，采用小组协作的形式进行教学，使学生在协同学习的同时，引导学生形成良好的学习习惯，培养学生的创新性思维。

例如，在学习"不等式"时，学生较难理解一些涉及不等式相关性质的知识点，此时教师可以组织学生以小组形式进行讨论。教师引导学生进行小组探究："现在你们可以和同桌或前后桌组成小组，每个小组最多四人。大家共同探讨不等式的解法并交流一下你们所认识的不等式的特征，选出一人进行总结发言。"这时，有的小组会发现："在不等式两边同时加或减一个数或式子，不等号的方向不变。"另一小组补充："但是，如果在不等式的两边同时乘一个负数，不等号的方向会改变。"经过小组讨论后，教师对学生说的结论进行归纳和整理，对不正确的内容进行验证和删除，将整理后的数据提供给学生。这种小组合作学习的方式能增加学生之间的交流与沟通，实现集思广益，整合不同的思考方向和思考角度，提高学生的主体地位，让学生的学习更具趣味性。

4. 增强课堂的趣味性

教师可以在教育教学的要求下，为学生创设趣味性的学习情境和学习课堂，以充分激发学生的学习兴趣。游戏是提高教学趣味性的有效途径之一，教师可以将趣味性的数字游戏融入初中数学教学课堂中，给予不同层次学生不同的参与机会，让学生在快乐的学习氛围中真正学到数学知识。例如，在学习"探索勾股定理"这节课内容时，教师可以在数学课堂添加一个游戏活动。教师："现在有六条长短不同的直线，长度分别为1、2、3、4、5、6，大家任选三条直线，观察它们是否能够拼成一个直角三角形。"接着，学生在草稿纸上尝试绘制直角三角形，最终得出只有3、4、5三条直线能构成直角三角形的结论。在这一过程中，学生通过趣味性的数学游戏初步认识了勾股定理，进而进入勾股定理的学习。

（三）应用支架式教学，反思效果评价

无论是学优生还是学困生，每名学生都希望得到教师和家长的肯定，这些不仅是学生学习的动力，更是学生进步的基石。因此，教师要通过应用支架式教学，做好学生的评价工作。在解决比较复杂的数学问题时，对于采用比较简便的解题方法的学生，教师应当在课堂上给予他们口头表扬，及时鼓励他们。对于学习成绩处于中等水平的学生，教师应当直接指出学生的错误并鼓励学生进步。对于一些基础较差的学困生，教师不应当一味地批评和指责，而是应当从源头抓起，改善学生的学习习惯，指出学生的学习漏洞，鼓励学生树立正确的学习态度，弥补学习漏洞。因此，在应用支架式教学模式的过程当中，教师要反思教学评价，对于不同层次的学生采用不同的评价方法，同时改善教学评价，给学生提供个性化的指导。

1. 实现成绩与表现相结合的评价

如果教师想要正确评价一名学生的学习能力和最终的学习效果，那么要将学生的学习成绩与课堂表现相结合，进行科学的评价。教师不仅要评价学生对数学基础知识的理解和掌握程度以及各阶段的测试成绩，同时还要对学生在数学课堂上的参与度及日常的学习表现做出评价。通过这种定量评价与定性评价相结合的科学评价方法，教师能够对学生的学习成果进行正确的评估，进而鼓励学生积极进取，慢慢提高学生的学习自信。

例如，在初中数学课堂上，教师可以采用课堂表现分模式。比如，学生每次答对一道问题可以得两分,答错不扣分;如果学生能勇敢地在黑板上为同学展示某一题目的解答过程,那么答对可以得三分,答错可以得一分。最终,教师要在期中和期末两个阶段,对所有学生的课堂表现分进行统计汇总,对排名靠前的学生给予一定的奖励。

2.适当延缓评价,鼓励学生独立思考

在数学课堂上,教师还应适当采取延缓评价的方式,为学生留出更多的空间,让他们能独立思考。例如,学生在完成一道题目的讲解或者自己对知识的理解的讲解之后,教师可以适当留出一定的时间,让学生自己反思讲解时存在的问题,找出讲解中存在的错误,使自己的讲解更加正确,以此提高独立思考能力。

例如,在"字母能表示什么"这节课的教学过程当中,教师可以依据这节课的内容向学生提问:"我们都知道,拼成一个正方形需要四根小木棒,而拼成两个正方形需要七根小木棒,如果我需要拼成 100 个正方形,那么共需要多少根小木棒?"思考之后,有的学生会回答:"只有第一个正方形需要四根小木棒,而剩余的每个正方形只需要三根小木棒,所以拼成 100 个正方形一共需要 4+99×3=301(根)小木棒。"有的学生则会这样回答:"如果把 100 个正方形看成都需要四根小木棒,那么拼成 100 个正方形需要 400 根小木棒,然而,实际上,除了第一个正方形需要四根,其余的 99 个正方形都少用了一根,因此,一共需要用 4×100 − 99=301(根)小木棒。"这两名同学的计算结果相同且正确,但是计算的思路有一定的区别。因此,在实际的数学教学过程中,教师可以适当依据学生的学习特点进行延迟性评价,从而有效地丰富学生的解题思路,培养学生的逻辑思维和想象力。

综上所述,支架式教学模式在初中数学课堂上的应用效果十分显著。通过为学生搭建学习支架,教师能够丰富课堂内容,创造趣味化的课堂,同时吸引学生的学习兴趣。在这一基础上,教师通过创设问题情境、增设数学游戏环节,能够营造数学学习课堂的良好氛围。而在应用支架式教学过程中,教师需要充分地重视改善教学评价,实施成绩与表现相结合的综合性评价及延迟性评价,完善数学课堂的教学评价,从而全面提高数学课堂的教学质量和教学效率。然而,目前我国支架式教学模式尚未普及,各数学教师应该积极对支架式教学模式这种高效的教学方法进行探究,将支架式教学模式引入课堂,在完善教学课堂的同时推进我国教育事业的进一步发展。

第七节 初中数学探究式教学方法

"有效的数学学习活动不能单纯地依赖模仿和记忆,动手操作、自主探索和合作交流是学生学习数学的重要方式。"因此,在初中数学课堂教学中应营造一种符合学生认知规律的、轻松和谐的学习氛围,应该鼓励学生自主探究和合作交流,并不断地自我反思,最终能灵活解决数学问题。在多年的数学教学实践中,笔者就课堂教学的方法改革做了有益的尝试。下面谈谈笔者在教学中的几点体会,敬请各位同人批评指正。

一、大胆猜想，敢于假设

对于一些探究性的题目，如通过观察或测量，探究线段或角的大小关系、线段的位置关系等，鼓励学生要大胆猜想，提出自己较为合理的见解，并为下一步理论验证提供实践支持，由特殊推广到一般。引导学生归纳总结，得出一般结论，并为下一步运用提供理论依据。

二、创设情境，激发兴趣

以创设情境为主线，根据教材的特点、教学的方法和学生的具体学情，把学生引入一种与问题有关的情境中，让学生通过观察，不断地积累丰富的感性认识，让学生在实践感受中逐步认知，发展乃至创造，以提高学生的数学素质。数学课堂教学中情境教学的运用，可以达到提高学生数学素质的目的。教育学家乌申斯基曾说过，没有丝毫兴趣的强制学习，将会扼杀学生探求真理的欲望。兴趣是学习的重要动力，同时也是最好的老师。在实践中，笔者经常巧妙地创设情境，使学生从害怕数学到爱学数学，提高学生学习数学的兴趣，取得了事半功倍的效果。如常常用实际问题或设置悬念导入新课来激发学生的求知欲；或者为学生动手操作创造机会，让学生经历知识的研究过程，一方面可以使复杂问题简单化，另一方面培养学生自己发现问题、自己解决问题的能力；或者在教学过程中为研究需要而临时开展一些尝试性的研究活动，以及在教学过程中，学生提出了意想不到的观点或方案，等等。显然，教师要创设好问题情境，必须从学生的学习兴趣出发，从知识的形成过程出发，要贴近学生生活，要带有激励性和挑战性。只有这样，才能引发学生的自主性学习，使学生的认知过程和情感过程统一起来。

三、自主探究，建构新知

"以学生的发展为本"是新课程理念的最高境界，要发展学生智力，培养学生能力。教师在教学过程中，要始终把学生放在主体位置，教师所做的备课、组织教学、教学目标的确定、教学过程的设计、教学方法的选用等工作，都围绕学生的实际出发；要在课堂上最大限度地使学生动口、动手、动脑，极大地调动学生学习的积极性和主动性，养成良好的自学习惯，培养刻苦钻研精神，促进学生主动参与、主动探索、主动思考、主动实践。如果创设的情境达到了前面的要求，那么学生自然就会产生一种探究的欲望。教师只要适当地组织引导，把学习的主动权交给学生，让学生自主地尝试、操作、观察、动手、动脑，完成探究活动。因为学生是信息加工的主体，是意义的主动建构者，教师是学生意义建构的帮助者、促进者。

四、合作交流，完善认知

在教学过程中，通过创设问题情境，合作小组内自主探索、交流、对话，获得成效。小组之间通过互相交流、评价，达到教学互动、互促，形成比、学、赶、帮的学习氛围，从而使学生在合作交流的过程中学会与他人合作，并能与他人交流思维的过程和结果，体会在解决问题过程中与他人合作的重要性和感受获得成功的喜悦。组织学生合作交流要注意以下几点：①合理分组。按学生学习可能性水平与学生品质把学生分成不同层次，实行最优化组合，组建"学习合作小组"。②培养和训练学生的合作技能，即要提出合作建议让学生学会合作，小组合作交流要充分地体现学生的自主性，而且要求学生按一定的合作程序有效地开展活动。③教师的激励性评价是进一步促进合作的催化剂。评价应是更多地重视对小组的评价，注重小组成员的参与度及活动结果中的成果，从而培养学生的合作精神，缩小优差等生的差距。④教师要参与进学生的小组活动。教师既要巡视并检查学生对问题的解决情况，同时又要收集学生的学习信息，以便适时引导、点拨，促进其思维不断地深化，完善认知。

五、自我反思，深化认知

在教师的组织下，引导启发学生进行思维过程的重新整理总结，达到认识的深化与认知结构的完善，通过反思可以有效地控制思维操作，促进理解，提高自己认知水平，促进教学观点的形成和发展，更好地进行建构活动。通过实施激励评价，让学生反思探索过程，使学生获得积极的情感体验与掌握探究学习的方法和策略，帮助学生建构知识，鼓励学生勇于探索、勇于创新，将学生的学习态度、情感及克服困难的精神化成主动发展的动力，并使其进一步提高。引导学生进行自我反思可以使学生进行自我总结、自我评价，使认识更上一个台阶，逐步完善认知结构，并进一步拓展探究的空间。使学生在这些环节中，或质疑问难，或自我展现，或答疑解难。让他们对自身活动进行回顾、总结及具有批评性的再思考，就能求得新的、深入的认识或提出疑问作为新的教学起点。从而使学生的思维得到发展，认识得到升华，体验得到丰富。

第五章　初中数学课堂教学创新

第一节　初中数学课堂分层教学

　　由于近年来教育改革的不断深入发展，在初中数学课堂教学中运用分层教学的模式已经成为初级中学数学教育改革的必然趋势。传统数学讲课模式已经不能够适应新时代教育改革新发展下的初中数学课堂教育，初中学生掌握的不同数学知识基础，不同的适用领域决定了分层教学模式必定被应用在数学课堂教学中。

　　现代化教育改革因材施教，对于不同基础、不同层次、学习能力水平不同的各类学生，应该根据差异对不同的学生进行教育引导，针对不同层级的学生群体要学会运用适合各层次学生的不同的教学方法，运用这种分层教学的模式促进各个阶段的初中学生对数学课堂产生浓厚的兴趣，利用学生对数学的优势，积极落实教育部改革因材施教的政策。将分层教学模式运用到初中数学课堂教学的实践当中，利用学生的特长及其所适应的学科领域，让他们尽其所能地发挥出优势，将兴趣融入初中数学学习中，促进初中生数学素养技能的提升，由此提高初中数学课堂教学的教育改革质量。

一、分层教学模式在现实教学中的实践探索

（一）初中数学课堂教学中存在的问题

1. 传统数学课堂教学模式的弊端

　　我国传统数学教学模式是不分层次地将所有学生都放在同一起跑线上，将这些学生的数学基础水平、对数学知识的理解掌握能力都理解为全部一样，这样单一的数学教学模式往往会扼杀一些想要努力学习数学知识但基础不好的学生的积极性，这必然会导致教育人才的流失，同时对于基础较好接受能力较强的初中学生，数学教师在传统数学教学模式中往往注重一个班级数学综合能力水平，对于中等难度的题也会反复讲解，这大大浪费了学习能力较好的一部分学生，因为他们已经完全掌握了这种中等难度类型的题，却因为全部在一个班级中未能对学生的数学能力水平进行有效分组学习，而要浪费时间重新跟着同班学生一起学习。这种教学模式在教育改革飞速发展的大背景下是非常落后的，这样的传统教学模式不仅会导致能力差的学生跟不上老师的进度，同时还会浪费学习效率高的学习者

的学习时间，最后使接受能力较好的学生成绩平平，无法有效地发挥他们的学习优势，从而造成教育人才的流失。

2. 初中学生在数学课堂学习中存在的问题

在初中数学课堂中，由于初中生正处于大脑成长阶段，他们的大脑智力还不完全成熟，缺乏相应的思考独立性，因此，他们在上课时注意力还不能达到完全集中。而在初中数学教学课堂中，一些数学教师往往不能注意到这种情况，讲课和授课方式缺乏一定的趣味性，而无聊刻板的课堂也难以激发初中学生对数学知识学习的兴趣。一部分学生在学习数学知识的时候不能够完全把握知识内容，在遇到一些新颖题型的时候不能够灵活加以运用，出现这种情况的很大一部分原因是掌握了错误的学习方法，从而导致他们对于新的题型，难以将数学知识应用到数学题中进行解答。所以部分学生的努力在数学成绩上一直无法得到有效体现，这会大大地降低学生在课堂学习中的积极性，甚至让其放弃对数学这门学科的学习，这对培养初级中学学生的数学学习能力是非常不好的，甚至会影响他们的综合学习能力素养。

（二）分层教学模式在初中数学课堂教学中的实践问题

1. 分层教学模式

分层教学模式实际上就是将学生根据不同的评审标准划分成不同的等级层次，最后进行分层次学习的一种新型因材施教的课堂教学方法。每个初级中学生在数学课堂学习过程中都有着不同的优势和劣势，不管是学习能力上的差距还是学习习惯的不同以及在学习中关注点的不同都要求初中数学课堂中贯彻落实分层教学模式。例如，一些学生喜欢幽默的授课方式，在分层教学模式中就会把这类学生安排在一起，进行集中授课讲学，利用他们的学习爱好，通过幽默风趣的授课方式让学生积极主动地掌握数学知识，从而提升数学教育质量。而另一些学生接受能力较强，对于重要知识点的吸收更快，对于这类学生就应该加快他们的学习进度，在短时间内高效学习，从而让数学学习能力强的这部分学生完成高校学习的目标，不埋没他们的数学学习天赋。这种分层教学模式对于不同的学生使用不一样的教学教育方式是非常有利于我国学科人才的培养的。

2. 分层教学模式的优势和劣势

分层教学模式最大的优点就是根据不同学习习惯和学习能力水平的人能够采取不同的教学措施和教学模式以及不同的授课方式，着重培养学生的数学学习优势，对每一位学生都能够采取适合他们的教学方法，让他们能够在课堂学习过程中有更多的归属感和成就感，从而引导他们更加积极主动地学习初中数学知识。但是，由于现实中的种种原因和实际情况，分层教学模式在初级中学数学课堂教学实践中的运用仍存在许多困难。数学课堂教学中采用分层模式需要多种类型的数学教师。而在各个初中学校中，一个班转换为多个班，一节课转换为多种类型的课堂在实际操作中需要更多的学习空间支持，这就在实际操作中为大部分初中学校增添了实际困难。而且在分层的过程中，这种对学生的分层必然是透明化的，这种透明化的分层教学模式可能会对一部分学生产生心理阴影，在一定程度上否定自己或过于高估自己，这种心理将会对以后的学习产生消极影响，这也是分层教学模式在实际教学应用中的弊端所在。

二、分层教学模式在初中数学教学实践中的具体措施与建议方法

（一）对学生进行分层分组

在初中数学课堂教学中运用分层次的教学模式，最开始做的就是要对初中学生进行层次分组。但在实际教学中的学生分层往往是通过一次或多次考试，按照学生每次的平均成绩将学生划分层级，然后进行分班分组展开分层教学模式。这种方法固然利于实施，但也应该在实际情况允许的情况下结合每个学生的学习能力和学习习惯以及学生喜欢的授课方式逐一在分层，务必确保每一个学生都能够获得最适合自己的教育方法，这才是分层教学的最终目的。将学生进行科学有效合理的分层是在初中数学课堂教学中实行分层教学模式最重要的前提基础条件，同时也是至关重要的一个环节，若对于学生的分层不够科学合理，势必无法达到提高初中数学教学质量的目的，而且对分层模式的应用没有任何效果。当然，要想做到对学生进行科学合理的划分，就要求初中数学教师对班级内部的每一位同学的数学学习情况都有十分透彻的了解与掌握，这就要求教师不单单只通过成绩看学生，而且要对学生的学习理解能力以及学习数学的兴趣习惯进行准确把握，这样才能够把分层教学模式的优势在初中数学课堂教学中完美地展现出来。

（二）确定分层教学目标，分层授课，优化教学过程

不同层次的学生，对于数学知识的理解掌握速度也会有所不同，对于不同层次的学生应该设置不同程度的教学内容，以达到不同的教学目标。分层次授课，需要教师切实把握不同层次学生对数学知识的掌握情况，在授课过程中由浅入深循序渐进地讲授数学教材内容，先找相对容易理解的数学题型，再根据已掌握的相关数学知识进行更深层次的数学题型解读，这样通过深入挖掘数学知识，让学生在学习过程中举一反三，从而达到灵活运用数学知识的目的，通过这种方法提升学生的数学学科素养。在分层教学模式中对于高层次的学习能力强的学生，初中数学教师不应仅仅局限于数学教材，应该对课本知识进行拓展深入，积极培养和锻炼高层次学生的创新发散思维，为培养我国数学学科人才奠定坚实的理论基础。对于不同层次的学生，学校教育工作领导应当为相应层级的数学教师制订不同层次的教学目标，积极引导鼓励不同层次的学生不断进步，对于基础较差学习能力较弱的一部分学生，应当为制订一些不仅能够激发他们的学习兴趣而且能够促进他们不断进步的学习目标，而针对一些学习能力较强，数学学习适应能力好的学生，应当为他们制订更高的学习目标，让他们充分地发挥自己的数学学习优势，拓展新的创新思维，不断发掘自己的学习潜力，在学习数学的过程中更上一层楼。

（三）建立完善的课后评价制度

在初中数学课堂教学中适用分层教学模式不仅要努力做好课前准备工作以及数学课堂中的教学方法和授课内容，还应该重视课后学生和老师的自我评价。由于这种分层教学模式是一种新型的教学模式，仍未出现完美准确的实际适用办法，这就需要我们在现实教学实践过程中不断进行探索，寻找出最为适合我国基本国情的分层教学模式具体实施方法。首先，在每次授课结束后，老师都应当对本次授课过程中的难点和疑点进行反思和总结，并及时地把握学生对本次课程的理解接受程度，针对这些反思和总结的结果找出不足，进行合理改善；其次，对于分层教学中的学生，只有对他们进行不定期的多次考核测试才能够及时准确地把握这些学生对数学课堂知识的理解与掌握和相关数学问题的灵活运用程度。分层次考核并不等于传统意义上的考试，分层次考核的主要目的是检查分层教学中学生及老师的配合默契程度，也是一次对初中生数学知识能力素养的检测，针对相应的不足之处，各层次学生的数学教师都要自己针对本层次学生知识学习的不足加强训练，找到更合适的解决办法，让本层次的学生在数学成绩上有更高的提升。因此，如果要完善分层教学模式在初中数学课堂教学中的实践措施，就必须建立起完善的课后评价制度。

分层教学模式在初中数学课堂教学中的应用与实践是一个循序渐进的过程，在这个过程中，分层教学模式需要顺应新时代教育改革的变化发展而不断进行完善；与此同时，分层教学模式在我国初中数学课堂的实践探索过程中也离不开教师与学生的共同努力和配合。

第二节　初中数学课堂教学的有效性

随着新课改的不断推进落实，传统教学模式逐渐受到了冲击，崭新的教学理念和教学方式开始陆续出现，为课堂带来高效和活力。数学课程在初中课程体系中占据着重要地位，一方面与学生的升学考试息息相关，另一方面能够促进学生的思维逻辑能力与推理运算能力的发展。但是就目前情况而言，在初中数学课堂上仍然存在着一些教学问题，制约着学生的成长和进步。本节就这些问题进行了梳理，并有针对性地提出了改进策略，希望为相关教育工作者带来一些启发。

初中阶段的数学知识相较于小学而言，抽象性更强、理论性更强，由直观计算向推理分析转变，这些变化很容易使学生在学习过程中产生困难，导致对数学学科的放弃。数学教师作为学生学习道路上的领路人，不仅要重视自己"怎么教"，更要从学生的角度出发关注他们喜欢"怎么学"。教师无法忽视在部分数学课堂上仍然存在着教学方式陈旧、忽视学生能力发展、一味地追求卷面成绩的教学问题，这些问题制约了高效课堂的发展。基于此，作为一名一线教师必须正视问题、分析问题，找到正确的教学改进方向，为保证初中数学课堂教学的有效性而努力，促进学生核心素养的发展。

一、初中数学课堂中存在的问题

（一）教学方式枯燥，学生兴趣低迷

初中阶段的学生大多贪玩好动，带着青春期的"叛逆"，教师很难用"命令式"的教学指令约束学生去学习。但是有些初中数学教师仍然没有意识到这一问题，在教学过程中没有从学生的角度出发。枯燥的教学方式、单方面的教学指令，让学生在学习过程中成为"提线木偶"，导致学生学习兴趣的低下。就初中教学现状而言，许多教师存在过于"赶"的情况，生怕学生浪费一点学习时间。在课前赶着学生预习，课上赶着讲更多的知识，课后赶着学生完成作业。在这种高压的学习状态中，学生的学习效率很难得到提高，教师需要以学生为主体，转变枯燥乏味的教学方式，让兴趣驱动着学生自主探究学习。

（二）缺乏课前导入，忽视学生体验

课前导入环节能够吸引学生的注意力，激起学生的学习兴趣，帮助学生迅速进入学习状态。但是，有些数学教师不能认识到课前导入的重要性，片面地认为文科类学科才需要做好课前导入，数学学科本身就很"无趣"。这种主观的片面性认知导致了学生学习体验差，在面对新知识的时候不能迅速进入学习状态。对于喜欢数学知识的学生而言，数学的严谨性与逻辑性是吸引他们的地方，他们能够从数学计算的过程中以及最终得出正确结论时获得成就感与快乐；对于不喜欢数学知识的学生而言，大量的计算以及枯燥的公式成为他们的"噩梦"。教师要认识到不同学生眼中的数学是有差异的，开展有趣的课前导入的目的就是让更多不喜欢数学的学生感到数学知识的温情与趣味。

（三）侧重理论教学，能力培养缺失

在初中数学教学实践中，教师往往只侧重理论教学，只关注学生的卷面成绩而忽略了学生能力的提升。素质教育的理念虽然已经有了较为广泛的普及，但是受"升学率""年级排名"这些虚名所累，很多教师在教学过程中还是喜欢采用"最有效"的教学方式，要求学生学习"解题模板"，用"题海战术"提高学生的熟练度。这种侧重理论灌输的教学方式，虽然能够在短期内帮助学生提高考试成绩，但是其本质是"焚林而田，竭泽而渔"，以牺牲学生思维能力的培养和学习兴趣为代价。任何学科的教学都应该以学生的成长为最终目标，通过理论结合实践的方式，以帮助学生提升学习兴趣和学习能力。

（四）重视集体教学，忽视个性成长

有些教师在教学过程中第一时间关注的是班级平均分，在设计教学计划的时候，往往只关注如何让班级整体成绩排名向前，而忽略了学生的个性发展。受基础知识水平、智力发展水平、自控能力的影响，班级内的学生往往成绩呈梯次分布，而且每个学生的能力侧重点不同。在这种"大锅饭"式的教育模式下，总有一些学生会被落下，学生想要学的内容与教师讲解的内容出现了脱节。这就要求教师在教学过程中关注每一个学生的成长与发展，为学生提供个性化的教育，不能让任何一个人"被平均、被代表"。

（五）评价标准单一，过分注重成绩

教师的评价对于学生有着重要的导向作用，很多学生会因为教师的一句话而产生学习的动力，也有些学生会因为教师的忽视而产生厌学心理。在初中数学教学过程中，存在着评价标准单一的情况，教师忽略了学生在学习过程中的表现，一味地注重卷面成绩。在这种评价标准面前，成绩优秀的学生固然能够得到教师的肯定与赞赏，但是成绩稍微靠后的学生就很难受到教师的关注。教师应该让学生明白自己被肯定的是分数后面的"东西"，如努力刻苦、认真细致、探究能力强、数学思维优秀，而不是单纯地去盯着分数看。

二、初中数学课堂教学有效性探究

（一）灵活调整教学方式，激发学生学习兴趣

教师在教学过程中要以学生的兴趣激发为主，敢于灵活变通，让学生在学习数学知识时感觉到快乐；这样学生的主观能动性才会更强。举例而言，初中阶段的学生会初次接触函数相关的知识，有些学生会对这一陌生的知识产生理解障碍。为了让学生更好地理解函数中的相关概念，教师可以引入生活化教学资源。教师可以在多媒体课件上播放一段关于工厂生产果酱的视频，然后告诉学生函数就像工厂生产一样。函数解析式就是工厂加工的规则，放进去苹果就会对应生产出苹果酱，每选择一个自变量 X 就会对应出来一个函数值 Y。在果酱工厂中只能投入水果类原料，这就相当于函数中的定义域是有范围的；而果酱机器也只能生产出果酱类的产品，这就相当于值域。通过这种生活化的教学方式，枯燥的理论知识变得生动有趣起来，陌生的知识变得熟悉起来，学生对于函数的了解一定会更加深刻，进而也会对数学知识产生兴趣。

（二）重视课前导入环节，迅速进入学习状态

在教学实践中，教师要重视课前导入环节，以便帮助学生更快地进入学习状态。教师一方面要转变思维角度，从学生的立场来考虑他们的听课感受；另一方面要找到数学知识中与现实生活中有趣事物的结合点，为学生带来生动的课前导入。例如，在学习"勾股定理"相关的知识时，教师可以用故事教学法为学生来做课前导入。曾经有位鲁国人拿着一块长木板进城，一开始他竖着拿木板，结果进不去，后来改为横着拿，可以仍然进不去。这时候一位老人提醒道："我虽然不是圣人，但是见识却不少，你怎么不把木板锯断进城。"随后，那人将木板锯断后通过了城门。当学生听完故事之后，教师可以提问："同学们，大家想一下如果不锯断木板，还能不能有别的尝试？"这时候学生很容易想到"斜着试试"。教师继续提问"大家都说斜边长，但是你们知道斜边和两条直角边的关系吗？"这时候学生往往会回答不上来，教师就可以顺势进行接下来的教学，学生的学习效率一定会更高。

（三）利用小组合作学习，提升学生的探究能力

在传统数学课堂上，教师会主导课堂节奏，为学生讲解例题、演示公式推导，学生负责跟着教师的节奏去学习。在这种教学模式下，学生常常会觉得自己听懂了，真正到了亲自做题的时候却会发现自己并不能解决问题。这种现象反映了学生长期在教师的带领下进行学习，自身探究能力的发展受到了限制，教师可以借助小组合作学习法来提升学生的探究能力。例如，在学习"相似三角形"相关的知识时，教师可以按照"组内异质，组间同质"的原则对学生分组，然后要求小组成员对照着之前学过的"全等三角形"知识，独立完成课堂任务，尝试推导出证明三角形相似的几组条件。在小组合作的形式下，学生之间可以取长补短、集思广益、互相启发，能够在脱离教师带领的情况下体会到独立研究问题的成就感，并形成独立处理问题的习惯，最终提高自身探究能力。

（四）科学展开分层教学，促进学生共同进步

分层教学的本质是因材施教，面对学习成绩与学习能力不同的学生，要采取不同的教学方式，设置不同的教学目标，让优秀的学生在难题中拔高，让基础薄弱的学生通过完成基础性质的题目，从而巩固学习信心。教师在班级内进行分层分组的时候，要综合考虑学生的现有成绩以及未来学习潜力，做到科学分层。除此之外，在分层时做到心中有数即可，不宜过分张扬，伤害学生的自尊心。分层教学可以在教学目标、教学考核等方面进行个性化的教学安排，让每个学生都能实现相对于自身的进步。例如，在学习"二次函数"相关的知识时，对于基础比较薄弱的学生，教师可以要求他们先掌握二次函数的解析式以及二次函数的特征，能够正确地分辨出二次函数，并能够根据解析式画出函数的图像；对于成绩较好且基础知识扎实的学生，教师则要求他们能够根据实际问题列出函数解析式。通过梯次设置教学目标，帮助班级学生实现共同进步。

（五）制定多元评价标准，引导学生全面成长

科学合理的教学评价方式能够更好地引导学生成长，促进学生全面发展。在建立多元化综合素质评价体系时，教师要从以下几个方面开展工作：第一，要倡导评价主体的多元化。教师不能完全依据自己的判断或者凭借一张卷子定高低，要深刻地认识到这种评价方式的局限性，争取让学校、教师、家长以及学生本身，都成为评价主体。第二，要从多个角度对学生进行评价。例如，甲同学喜欢几何相关的知识，但是代数类题目成绩却一般。这时候教师要能看到甲同学的优点，同时也要看到他的缺点，通过辩证的评价才能更好地引导学生的成长。第三，评价形式和方法上要实现多样化。教师可以对学生的日常表现进行打分、记录，打破期中、期末成绩大于天的评价形式。

在初中阶段夯实数学知识的基础，既有利于学生综合素养的提升，同时也能为接下来的学习打下基础。面对学生的学习需求，作为一名一线初中数学教师，要加强自身专业素养的提升，为学生带来更好的课堂体验。在现阶段的初中数学教学过程中还存在着一些问

题，教师要严格落实各项教育改革政策，通过运用现代信息技术、小组合作学习法以及分层教学模式等新兴教学手段，提升初中数学教学的有效性。

第三节 初中数学课堂教学过程优化

对于很多学生来说，数学是学习中的难点学科，如何才能激发学生的兴趣，引导学生走入数学世界中，就成为很多教师所要思考的问题。因此，教师应对教学过程进行优化，提高教学效率，实现数学课堂质量的提升。在本节中，笔者将从教学实践入手，探索优化初中数学课堂教学的主要途径和方法。

在传统数学教学中，教师采用的教学方式比较单一，难以激发学生的学习兴趣，往往使学生陷入数学学习的困难之中，影响数学教学有效性的发挥。随着时代的发展，教学过程最优化的理论出现在数学课堂教学中，给数学教学注入了新鲜血液。教师应对教学过程进行优化，提高教学效率，促进数学课堂教学向着更好的方向发展。

一、营造教学情境，调动学生兴趣

在传统教学中，教师的主要任务是传递数学知识，一般采用按部就班的方法进行教学，使学生在学习过程中缺乏对数学的兴趣，因此影响了教学有效性。教师可以在教学过程中加入情景教学的方式，为学生营造直观化的场景，让学生以直观的方式观察抽象的问题，从而调动学生对数学学习的兴趣。

例如，在学习"中心对称"的时候，笔者为学生准备了微课视频，让学生在视频中寻找中心对称图形。为了让学生更准确地完成任务，笔者为学生讲解了中心对称图形的基本概念，即在平面内，把一个图形绕着某个点旋转180°，如果旋转后的图形能与原来的图形重合，那么这个图形叫作中心对称图形。在理解概念的情况下，学生开始寻找视频中的中心对称图形。有的学生发现，视频中的拱桥是中心对称图形；有的学生发现，视频中的埃菲尔铁塔是中心对称图形；有的学生发现，视频中的西瓜是中心对称图形……在观看视频的过程中，学生仿佛步入视频之中，身临其境地对中心对称图形进行探索。通过营造丰富的教学情境，学生掌握了数学的基本概念，也能够有效激发学习兴趣，认识到数学就在我们身边。

二、鼓励自主探究，激发学生潜能

自主探究一直是新课程改革所关注的问题，希望教师在教学过程中加入探究性的内容，让学生在探究过程中发掘自己的潜能，从而实现综合能力的发展。因此，教师应设计自主探究的环节，鼓励学生利用自己的能力来解决问题，从而实现数学素养的发展。

例如，在学习"点和圆、直线和圆的位置关系"的时候，其中有探究圆和圆的位置关系的问题。在之前的教学中，笔者一般是设计好探究步骤，让学生按照思路进行学习。但是在本次教学中，笔者一改常态，让学生根据以往的经验，按照自己的想法来进行探究。刚开始，很多学生不知该如何下手，笔者将探究圆和圆位置关系的几个要点列在黑板上，让学生作为探索过程中的参考。渐渐地，学生找到了自主探究的感觉，能够主动对数学问题进行思考，并通过自己的能力来实现探究。在这个过程中，学生的潜能得到了发挥，并且能够将自己放在教学的核心位置上，一切以自己的发展为主来开展探究活动，从而实现了综合能力的发展。

三、制订小组任务，实现团队合作

数学教学的核心在于提高学生的整体素养，而小组合作是学生取长补短、吸取精华的重要方法，能够让学生在团队的共同合作中感受集体的力量，并在互帮互助中实现综合能力的提升。因此，教师可以为学生准备小组任务，让学生以小组合作的方式开展学习，使学生能够实现数学思维的发展。

例如，在学习"实际问题与一元二次方程"的时候，笔者让学生几个人组成一个小组，共同寻找生活中常见的一元二次方程，并且使用一元二次方程解决生活中的问题。有的小组认为，在生活中有很多两辆车共同行驶的问题，如果使用一元二次方程的思想，将两辆车分别以 x 和 y 来代表，再根据其他数量关系列出等式，那么就能够通过非常简便的方法得到想要的数据。小组模拟了两车行驶的三个问题，并使用一元二次方程很快就得出了解决方案。在这个过程中，学生在小组合作中能够找到解决问题的最有效的方法，能够使个人的能力得到发挥，并且从其他组员中吸收优秀的思想和能力，作为自己数学知识的补充，从而使小组整体的数学能力都能够得到发展。

总而言之，优化数学课堂教学过程是初中数学课堂教学追求的最高目标，是教师不断探索的过程，同时也是教学中遵循的原则之一。追求教学最优化，能使初中数学教师在新课改中有一个清晰的标准，对个人数学教学知识能进行创造性的构建。因此，教师应注重对初中数学课堂教学的优化，在教学中营造丰富的情境，以此激发学生的学习兴趣，鼓励学生自主探究，发挥自己的能力，并采用小组合作的方式，让学生的综合能力得到全面发展，从而在优化教学过程的同时实现学生数学思维的发展。

第四节　初中数学课堂教学改革的意义

本节围绕初中数学课堂教学改革的意义与策略展开论述，首先分析了培养学生学习兴趣的价值，而后论述学习情境对数学学习的帮助，接着诠释了自主学习能力的意义，最后以谈论教学观念以及手段终篇。

随着新课程的不断深入改革，初中数学教学的方法也要紧跟新课程改革的步伐，不能固守成规，必须做到与时俱进，如此才能适应教学的发展与社会的需求，唯有如此，才能提升课堂教学的效果，才可以促进教学质量的提高。

一、培养学生的学习兴趣

没有兴趣，便没有动力，缺乏学习的积极性，当然也就没有良好的学习效果。学生有了学习兴趣，才能积极地投入学习中来，参与到数学课堂的各个环节中，通过教师的引导，然后完成学习目标。传统的教学过程往往忽略学生的兴趣，这是一个极大的错误。也只有培养了学生的学习兴趣，学生的学习注意力才能集中，他们才能在课堂上心无旁骛；培养学生兴趣的方法有很多，首先教学要有艺术性，通过幽默诙谐的语言来讲述课程，不仅仅要做到旁征博引，而且要把数学和生活紧密地联合起来，让学生感觉到学有所用，这样他们才能对所学的内容感兴趣，才会不断地温故知新。要让学生参与到教学中来，鼓励他们对新问题进行考虑讨论，学生之间、教师之间彼此沟通，同时也会提升学生学习的兴趣。在沟通过程中，可以学习其他学生的优点，找出自己的不足之处，当然也可以找出自己的优点，因为尺有所短，寸有所长；这样，学生才不会感觉到枯燥干瘪，他们才能一起进步。进行讨论的时候，教师要参与进来，进行及时和适当的引导，激发他们对话题的深入，让他们对数学探究有乐此不疲的兴趣，进而他们能感觉到学习是快乐的，在研究问题时，即便说时间很长了，或者已经下课，他们还能意犹未尽，这自然都归功于兴趣。

二、优化情境创设，提高课堂教学效率

给学生创设良好的学习情境，将复杂的数学问题简单化、枯燥的数学问题变得有意义；鼓励学生组成小组，合作解决问题，不仅仅能够培养他们团结合作的精神，而且能让他们树立合作的主观意识。遇到难以解决的问题，同学之间相互分析研究，解决问题的能力也会不断得到提升。他们在合作解决问题中思维不断碰撞，从而产生智慧的火花，提高思考问题的能力，同时自主学习的能力也水涨船高。教师给学生创设了自主学习的问题情境，学生自然而然地会展开交流探讨，他们会发现问题、分析问题一直到逐步解决问题。在这个解决问题的过程中，他们始终会热情高涨，会产生很多结论，会找出最好的答案，有时候他们所得的结论也不够完美，教师要鼓励学生，使之进行深一步的探讨和思考，这样能激发起学生探索的动机，他们就会形成爱动脑的习惯，久而久之就提升了创新能力。

三、培养学生自主学习的能力

从古到今，那些事业有成的大师大部分都是自学成才的，他们之所以能成为大师，拥有了别人难以逾越的成就，最关键的地方就在于他们有自主学习的能力，他们研究问题孜

孜不倦、乐此不疲，古人称之为痴迷，如果缺乏自主学习的能力，没有强烈的好奇心，只是随波逐流地学习，必然难以有超人的成就。教师为了提升教学质量，满足课程改革的要求，就需要在培养学生自主学习能力这方面进行深度挖掘。在教学过程中联系生活实际展开数学教学，给学生营造一种其乐融融的学习氛围，让他们感觉到学有所用，让他们真正认识到数学的价值。数学在生活当中和生活是息息相关的，数学是无处不在的，没有数学，便没有高度经济发展的社会。学生认识到数学的价值以后，让他们进行自主思考与探究，不要把数学看得很艰深，要认识到学习方法，方法对了，学习数学也是一种快乐。作为教师，要认识到学生是学习的主体，对学生适当地进行引导，让学生在课堂上占主导地位，老师再适当地推动，促进和鼓励学生自主学习，让他们自己寻求答案，而且寻求更好的答案、更快捷的解题方法。在学习新的知识之前，鼓励学生自主对新知识进行预习，也可以让学生做老师：选出优秀的学生轮流进行教学，让他们参与到教学中来，让他们认识到自己的能力。随着时间的推移，每个学生都能讲解新课，达到这种效果以后，就可以有效地构建数学高效课堂。当然，做到这一点不是一朝一夕之功，需要进行长期的努力。

四、教学方法要不拘一格

如果教学方式一成不变，那么课堂必然是死气沉沉的。适当地改进教学方法，根据不同的教学内容选择不同的教学手段，想方设法地促进学生对数学知识的学习，进而快速实现数学教学目标。根据教学需要，可以使用多媒体信息技术进行辅助教学，把枯燥的数学问题形象化，把一些难以描述的数学问题形象直观地呈现给学生，这样能促进学生能进行更深入地思考，加深他们对数学的印象，增强他们对数学的兴趣，提高主动学习的积极性。

综上所述，教师教学数学，要树立正确的数学教学观，掌握合理的数学教学策略，根据需要进行数学课程改革，这是数学教学的根本保证。为了使数学教学顺利并且高效地进行，在教学中，教师要激发学生的学习积极性，向学生提供充分从事数学活动的机会，这需要教师与时俱进，根据需要改革现行的数学课堂教学模式。

第五节　初中数学课堂教学问题设计

初中数学课堂教学中的问题设计有利于加深学生对课堂知识点的理解，培养学生发现问题和解决问题的能力。在数学课堂上，一个好的问题可以保证学生的学习主动性和积极性，促进高效课堂的开展。本节结合笔者多年实践教学经验，对课堂教学问题的设计展开研究。

随着新课标改革的不断深入，教育主管部门对教师的教学质量提出了新的要求，教师在教学活动的开展中应以学生为主体，强调从学生已有的生活经验出发，让学生能够运用所学的数学知识去解决实际问题，从而促进学生全面、持续、和谐地发展。课堂问题作为教师教学活动的一个关键环节，有利于学生在学习知识的基础之上去解决问题，因此，本节笔者从设置问题、师生互动以及个体差异三个方面，对初中数学课堂教学问题的设计进行分析讨论。

一、紧密联系实际，设置问题生活化

在当前的数学教学中，还依然存在着教师为了提高学生成绩采用传统式的教学，以试卷试题的方式设置问题，学生面对试卷上密密麻麻的数字，学习兴趣自然提不起来，学习成绩也得不到有效的提升，最终回到实际生活中面对问题的解决也毫无头绪，因此，教师在教学过程中应结合教材内容合理设计问题，紧密联系实际，充分地调动学生学习的积极性，以达到教学目的。

例如，在"勾股定理"的讲授中，可以设置这样一个问题："我想检测一下教室里老师讲桌的正面 AB 边和 CD 边是否分别垂直于底边 AC，我身上只带着一把量尺，同学们，你们能完成这个任务吗？如果量出 AB 长 60 厘米，AC 长 80 厘米，BC 长 100 厘米，问 AB 边是否垂直于 AC 边？CD 边与 AC 边呢？"利用学生熟悉的身边案例作为问题，让学生发现数学知识与实际生活的联系，使学生感受到学习数学的意义，极大地带动学生的学习积极性。

又如，在"有理数"的教学中，笔者让学生拿出纸笔画图，要求为：在一条宽阔的马路上有一个便利店，便利店东 3 米和 7.5 米处分别有一棵梧桐树和一棵椿树，便利店的西侧 3 米和 4.8 米处分别有一棵杨树和一棵柳树。绘画完毕后，笔者向同学提问：你能用一条直线上的点表示有理数吗？让学生在讨论的基础上动手绘画，并归纳总结出：可以表示有理数的直线必须满足什么条件？紧接着进入教材，展开对习题的练习，并说出解题思路。通过从现实场景到数学知识的转换，结合生活来分析理解数学知识，从而增强对数学知识的运用能力。

二、师生互动交流，激发学生的创造思维

在数学课堂教学活动中，教师应以学生为学习主体，引导学生自主探究解决问题，调动学生思维的主动性，在师生互动交流的同时，加深学生对知识的掌握程度，巧妙地设置问题可以有效激发学生思维创造能力，有利于促进学生综合素质的发展。

例如，在"等腰三角形"这一章节的讲授中，笔者先利用投影显示图形及问题，让学生观察并发掘结论。笔者向学生提出以下问题：△ABC 中，AB=AC，求证：∠B=∠C。随后笔者组织学生四人一组进行分组合作，通过做辅助线，共同寻找全等三角形，让学生自己主动证明猜想，同时也有利于学生巩固对全等三角形的判定，既运用以旧引新的推理方式，又体现由特殊到一般的思维认识规律。在教学中以学生参与为主，便于激发学生学习热情，体验成功的喜悦，使学生变被动学习为积极主动愉快的学习。

又如，在"勾股定理"的教学中，笔者给学生提出一个问题：老师手中是由两个正方形组成的图形，你们试着将它剪拼成一个面积不变的新的正方形，笔者要看看谁剪的次数最少。学生得到这个问题后，立刻展开讨论，并运用课堂所学的勾股定理进行计算，得到最终结果后，积极举手发言：老师，可以剪拼成一个面积不变的新正方形，运用公式，设原来的两个正方形的边长分别是 a、b，那么它们的面积和就是 a^2+b^2，由于面积不变，所以新正方形的面积应该是 a^2+b^2，因此只要是能剪出两个以 a、b 为直角边的直角三角形，把它们重新拼成一个面积为 a^2+b^2 的正方形就行了。此类问题的设立不仅检验了学生对勾股定理的灵活运用，还让学生在解决问题中发展创新。

三、尊重个体差异，解答问题层次化

在当前数学教学中，每一位学生的认知水平、理解能力、知识架构都存在一定差异，教师在设置问题时往往只是单一地设问，而不考虑学生个体的理解差异水平，导致同一个问题对于学优生来说太简单了，失去学习兴趣；而对于学困生来说又太难了，学习积极性不高。因此，在教师开展教学问题设计时，应充分尊重学生的差异，允许学生发展的不同，理解水平差异的存在，有针对性地设立问题，最大限度地调动各层次的学生参与到数学教学中，以达到高效课堂教学的效果。

例如，在"一次函数"的讲授中，考虑到部分学生对函数解析式的知识点掌握得不够彻底，把问题分解成不同层次的组题来向学生提问：

已知一次函数的图像经过（—3，—5）和（2，5）两点。（1）求一次函数的关系式；（2）求该一次函数图像与两坐标轴的焦点坐标；（3）作出该函数图像；（4）根据函数图像，求出函数关系式。

问题(1)属于个人回答问题，问题(2)属于2人协助问题，问题(3)属于小组讨论问题，问题（4）属于班级合作问题。根据学生的个体差异，合理设计教学问题，针对班级实际情况把大问题分层级划分为小问题，充分地发挥每一位学生的数学运用能力。

总之，通过合理有效的问题设计，有利于学生对知识的掌握和运用，促进学生在数学学习方面更深层次的发展；与此同时，教师在教学活动开展中要以学生为主体，结合教材内容，紧贴实际生活，让学生充分发掘数学知识与生活中的联系，构建属于自己的知识架构，提升学生解决实际问题的能力，使学生的素质得到全面的发展和提高。

第六节　初中数学课堂教学案例

初中数学是学生义务教育阶段十分重要的学科，其承接小学数学知识，衔接高中课程，如果初中数学学习不好，将会严重影响学生今后的发展。本节结合初中数学实际情况，首

先分析了初中数学课堂教学案例的具体应用，然后就教学案例应用提出了自己的几点思考见解，希望通过本次研究对更好提升初中数学课堂教学质量和效率有一定助益。

在新课程背景下，如何有效保证初中阶数学教学更加高效是初中数学教师历来高度重视的课题，同时也是我们开展对高效课堂教学研究意义所在。初中数学和小学数学有着很大的差异性，其逻辑思维更强、难度更大，学生在学习过程中遇到的困难如果不能得到及时解决，将会感觉数学学习越来越难，对学习数学兴趣越来越低，针对这种情况，就需要我们深入进行分析，积极应用先进的教学理念和教学方法，以形象生动的案例教学在让学生更好地理解枯燥的数字理论知识，从而对数学产生浓厚的学习兴趣。

一、初中数学课堂教学案例的应用

（一）切实做好备课工作

备课是提高课堂教学质量的重要工作，也是初中数学教师日常教学工作的一个重要环节，在教学开始前教师只有做到精心备课，才能保证顺利地完成课堂教学内容，提高课堂教学质量和效率，因此，高效备课是案例教学应用的先决条件。在整个备课过程中要对教材做到彻底全面的了解，保证学生全面领会本节课程的教学重点和难点，还要针对不同学生的学习情况，在课堂上实施分层设计，指出学生必须掌握的内容和范围，保证不同层次的学生都能够得到满足，只有做到这样教师的备课过程才是一次真正有效的教学备课。

（二）创设合理教学情境是提高教学质量的关键

新课程标准指出，在数学学习过程中，教师不仅要考虑到数学学科本身的特点，还要充分考虑学生个性和心理发展规律，尊重学生个性需求，强调学生从实际出发，从学生生活中寻找教学的切入点。这种教学要求充分说明了教学过程中为学生创设合理教学情境的重要性。数学是一门应用性很强的学科，从生活中来，学习数学的根本目的就是为解决生活中遇到的各种数学难题。在课堂教学中为学生创设一个轻松活泼并且和学生生活联系密切的教学情境，让数学回归生活，回归现实十分有必要。教师在教学情境创设过程中，应该从学生的实际生活出发，是来自生活中的实际材料，尽可能地保证学生在自己的实际生活中找到原型，情境设计是解决问题的基础，创设真实有效的教学情境是提高课堂教学效率的关键。

（三）针对性的课堂提问是提高教学质量的重要途径

数学教学多数情况下都是由一个个具体的数学问题贯穿起来的，学生对问题的理解程度与教师在课堂教学中的提问方式和质量有着直接的关系。因此，有效的课堂提问是构建高效课堂的基础。在进行教学案例教学过程中，保证案例设计的精心科学是确保课堂教学质量的突破口，而教学案例的设计重点在于设计问题，保证教师提出的问题具有启发性，能够唤起学生的注意力和探究的兴趣，明确探究目标，并产生强烈的探究欲望。例如，在进行勾股定理教学过程中,就可以设计如下案例:将一个边长为4的正方形,进行四等分,每一个小正方形边长为1,三个小正方形组成了一个长方形,求解长方形对角线AB的长度。针对这个案例教师可以做如下教学引导,长方形高和长与斜线AB组成了什么样的图形,这时学生回答是直角三角形,然后教师再问解决直角三角形任何一条边长该怎么解决,这样学生就会联想到通过先确定长方形宽长长度之后再利用勾股定理去解决第三条边的长度。这种教学案例主要结合了学生的知识水平、学习能力,并针对本节课教学的重点和难点,引导学生进行思考,促进学生思维发散,全面调动起学生的学习积极性,保证学生的主体地位,这样才能提高课堂教学质量。在初中数学教学过程中教学案例应用离不开提问,这就需要教师做一个有心人,结合教学内容和学生知识具体掌握情况,精心设计,将问题设置在关键点和重要地方,充分地调动起学生的积极性和参与兴趣,提高课堂教学效率。

二、初中数学课堂教学案例的几点思考

(一)全面凸显学生的主体地位

新课程标准指出教师在数学教学过程中要改变传统的教学理念,以学生为中心,切实发挥学生主体作用。但是从实际案例中我们依然可以发现,以教师为主的传统灌输式教学模式依然不能全面改变,教师依然是教学和评价的权威,学生在学习过程中十分被动,教师注重单向的沟通,忽视了学生向教师提意见这方面的沟通,因此,在初中数学课堂教学案例应用过程中,教师首先应该改变自己地位和角色,教师应该成为课堂教学的组织者和引导者,学生才是课堂主人,教师的任何教学行为都应该以学生为主;其次,教师在课堂上要增加和学生的互动交流,在课堂上形成师生互动、生生互动的教学模式,教师要注重保护学生的自尊,当学生回答错误之后,教师也不应该立即批评学生,而是应该鼓励学生大胆猜想,在课下进行反思,从而保证教师学生在共同讨论和交流过程中进步。

(二)做好评价工作

教师情感投入多少和课堂教学氛围有着最直接的关系,情感是沟通学生和联系学生最重要的武器。首先,教师要和学生建立和谐的师生关系,增强学生和教师之前的情感交流;与此同时,在课堂上还要加强激励式和亲近式的教学评价,尽量缩短学生和教师心理和空间方面的差距,让学生切实得到自我肯定和自我心理满足。教师要多赞美学生,善于发现学生的优点,最大限度地鼓励学生;此外,教师要注重评价语言的客观性和真实性,保证学生评价的科学合理,最终为提高教学效率和质量奠定坚实基础。

第七节　初中数学课堂教学艺术

　　数学贯穿学生学习的始终，初中数学对于学生来说是十分重要的，同时也是初中教学任务中的首要任务，初中数学对学生以后的数学学习也占据着非常重要的位置。因此，教师应更积极地投入到教学工作中去，不断创新教学方案，不断学习初中数学课堂教学的艺术，把握住课堂中的每一秒钟，发挥最大的数学教学效果。与此同时，也要培养起学生对数学的兴趣，并引导学生提高对数学的重视程度，认真学习初中数学，为未来的数学学习打下坚实的基础。

　　随着国家的发展、社会的进步，人们也越来越关注学生的素质教育。在全面实施新课程改革后，初中数学教师也响应素质教育的号召，进行教学方式的创新，将素质教育和数学课堂有机结合，注重教学艺术的运用，营造出严谨有趣、生动活泼的教学氛围，从而有利于调动起学生学习数学的积极性，构建出高效的课堂，让所有的学生都尽可能地得到最大收获，热爱数学学习，促进学业发展，同时又让学生的综合素质得到进一步的提升，完美贴合了素质教育的要求。

一、了解并尊重学生，建立和谐的师生关系

　　在教学的艺术中，沟通的艺术是必不可少的。因此，初中数学教师也应该重视和学生之间的交流与沟通，了解学生的近况，不仅要了解学习方面的情况，还要了解生活、心情、兴趣爱好等方方面面，以此来增进师生感情，若发现学生存在问题也可以及时帮助学生，也有利于学生更好地体谅、理解教师。这样教师可以通过了解学生来制订对应的教学方案，创新教学模式，学生也能感受到教师的尊重和关心，愿意更加努力地学习，从而有利于建立起和谐的师生关系，学生也不再害怕教师，在课堂中敢于提出自己的想法或问题，从而提高学习效率。

二、精心设计问题，激发学生的数学学习兴趣

　　好奇心是学习动力的来源。数学并非枯燥乏味，只要教师挖掘学生学习数学的动力，进行良好的引导，学生终会发现数学学科中的乐趣。而且，初中的学生正是青春期，有着丰富的情感以及强烈的好奇心，数学教师应该牢牢抓住这一点，利用好学生的好奇心理，将生活和数学紧密联系在一起，推进数学课程。例如，课前用心准备一些问题，让学生进行小组讨论，猜测原因，引导后续知识点的学习。由此，有利于学生产生探求原因的欲望，增添了数学的趣味性，同时可以以此来促进学生增加对数学的学习兴趣。

三、合理掌控教学节奏，提高学习效率

教师在课堂上授课，是学习节奏的带领者。而传统的教学模式下，教师一个人在讲台上讲知识点，虽然教师尽心尽力，讲得口干舌燥，但是讲台下学生却听得了无生趣、索然无味，导致学生最后的学习效果并不理想。教师应该把握住课堂的节奏，当发现学生有些困倦的时候，可以及时地和学生进行互动。例如，抛出一个与课堂相关的问题，让学生思考并到讲台上抢答，答对的学生获得奖品。这个办法不仅可以活跃课堂气氛，调动起学生的积极性，同时也有利于教师发现学生在学习中存在的问题与不足，以及了解学生对课程的掌握情况，也为后面教学方案的制定提供了素材。

四、讲究教学艺术，创设良好的学习情境

在初中数学的课堂教学中，合理利用教学艺术，加强教学艺术的魅力有利于推进课堂效率以及实现教学的整体优化。为了让学生收获更好的学习效果，不仅要关注学生的学习方式、学习态度，同时还要关注学生的学习心理。因此，教师要学会用语言和行为，为学生打造出良好的学习氛围。例如，教师可以利用一些装饰性的素材，将教室简单地美化，并且根据学生的兴趣喜好，设计出让学生感兴趣的环境。让学生不再困倦，并督促学生认真听讲，如果随堂小测成绩理想，可以获得奖励。此外，教师在课堂中也应该重视语言的艺术。例如，上课前，教师面带笑容，向学生亲切地问候；授课时，多用些幽默的言语、生活化的语境，更加通俗易懂；学生回答问题后，教师对正确的点进行认可、不足的地方进行鼓励并和气地说"请坐下"等等。教师的这些努力虽然看起来都是很简单的小事，却让学生内心更加舒适和放松，对数学的学习不再抵触，有了顺向的心理状态。师生之间形成了轻松、愉快的教学氛围，学生对于知识的掌握更加容易。由此可见，讲究教学艺术，在课堂上创设出良好的学习情境在初中数学教学中也是至关重要的。

传统的初中数学教学方式容易使学生觉得乏味、无趣，甚至会产生厌倦数学的心理。总而言之，初中数学教师应避免高强度、快节奏的传统应试教育的教学模式，要根据学生的具体情况，不断地完善自身的教学方式，提高教学水平，勇于开拓创新。与此同时，教师应该认识到教学艺术对数学教学效率的关键作用，要将课堂教学的艺术利用好，发挥其最大的效能，带动起学生学习数学的积极性，发现数学的美感，并且不能只为了应付考试，还要牢牢地将数学教学和素质教育相结合，了解学生的特点、优势，找到学生的困扰、不足等，真正做到因材施教，促进学生的全面发展。

第八节　初中数学课堂教学应"三餐"齐备

俗话说:"早餐要吃好,午餐要吃饱,晚餐要吃少。"这种科学的养生之道是有一定的道理的。其实,在初中数学课堂教学中,教师能否处理好讲授、课堂练习以及回家作业三者之间的关系,合理搭配好"三餐",直接决定了数学课堂教学的效率。

一、讲解是早餐,应体现"精致"

生活现状:许多人不重视早餐的食用,经常要么是随便吃一点或干脆不吃,要么是不加选择地胡吃海喝一番,以图中午可以少吃或者不吃。不吃早餐可能使你一整天都精神不振,而早上不加选择地暴饮暴食可能会让你的胃超负荷,久而久之,都会对健康造成极为不利的影响。一天之计在于晨,早餐应该吃得精、吃得好,这样会使你一天精神抖擞,容光焕发。

教学现象:在数学课堂教学中,有些教师认为数学是讲出来的,课上以"我"为中心,"喋喋不休",让学生被动地听与记,不给他们自己思考与练习的时间。这种填鸭式的满堂灌势必会引起学生反感,从而造成教学的低效,甚至是无效。有的教师课堂上讲课拖泥带水,含糊其词,重难点不突出,甚至错讲或漏讲,出现教学事故。有的教师以为精讲就是少讲,"把主动权还给学生",于是"金口"不开,把时间过多地给了学生,学生由于得不到教师的点拨,学得不到位,脑子里空空如也。

针对性反思:上述现象中的"满堂灌"类似于"暴饮暴食",而"拖泥带水"则意味着"不加选择","金口不开"意思即"不吃早餐"。这些都是违背新课程理念的表现。众所周知,新课程改革倡导"学生为主体,教师为主导"的理念,认为"学生是课堂的主人",但这并不是说教师的讲解无关紧要;相反地,它对教师的讲解提出了更高的要求:讲解要有效。这就要求教师对学生自学能看懂的坚决不讲,怎么讲学生也不懂的则更不能讲。当然,所谓的精讲并不是以讲得多少来衡量,而在于教师的讲解是否能激发学生兴趣,提升学生能力。教师应深挖教材,反复讲重难点、易错点,有时看似啰唆的重复强调却也恰到好处,有些章节的寥寥数语却有四两拨千斤的功效。教师在讲解时应"因材施教",让学生吃饱、吃好,充分地挖掘其内在潜能,接近他们的"最近发展区"。这样做,既能让优等生脱颖而出,又能让学困生跳起来摘桃子。教师要多给学生一些机会,让他们自己去体验;多给学生制造一些困难,让他们自己去解决;多给学生一片空间,让他们自己向前走。

二、练习是午餐,要做到"饱和"

生活现状:由于下午的工作时间较长,因而,午餐要尽量吃得饱。在生活中,中餐不吃或少吃会让人在工作中由于肚子咕咕叫而无心顾及其他。只有合理地吃得饱的午餐，才会使人一个下午都有精气神，才能更好地学习、工作。

教学现象：在数学教学中，学生对知识的掌握程度首先依赖于自己的课堂练习。"师傅领进门，修行在个人""好脑袋瓜不如个烂笔头"。学生只有从做题目中理解定义，掌握方法，学习数学才会得心应手，考试才能游刃有余。但是，许多教师过分地追求题目的"量"，而不兼顾练习的"质"，要么题目一概过简，学生做无谓重复；要么题目个个过难，学生大都不会做而丧失信心，从而使课堂效率低下。

针对性反思：每个人的饭量不尽相同，因而对"饱"的感觉也不可能一样。新课标理念下的促进学生发展，并非要让每个学生的每一方面都要按统一规格平均发展，而是有差异地发展。了解每个学生的个体差异，利用学生的差异，发展学生的差异，是落实新课程标准的着力点。为此，教师在设计课堂练习时，应兼顾各个层次的学生，设计新颖多样、层次分明的练习，既让学困生跳一跳能摘到"桃子"，又能保证学优生免受"饥饿"之苦。它可以使学生学得轻松、愉快，大大提高课堂练习的有效性。根据不同层次的学生，利用"练习套餐"的形式设置三类题目：

A类是基础题：针对基础较差、学习有困难的学生而设计，练习的分量较少，难度较低，方法以模仿性为主，练习内容属于与本节课知识密切相关的基础训练，一个题目尽可能地安排一个知识点的练习。通过练习，使学习有困难的学生吃得了，真正减轻学困生的心理压力，体验成功的喜悦。

B类是提高题：针对基础一般、学业中等的学生而设计，面对的是班级的大多数学生。练习可来源于每一课时后面的作业题和相应的学习指导训练题。练习内容属于与本节课知识有关的基础知识和基本技能的训练及其变式和一般综合题等。通过训练，使学生掌握本节课的知识点和相关的基本技能，完成本课时的学习目标，并通过一定量的思维训练，增强学生的学习能力。

C类是发展题：这类练习面对的是班级中学有余力的学生。练习内容属于与本课知识有关的智力训练题、提高题及一些灵活性较大的题目。它综合面广、操作灵活、创新性强，能让学优生吃得饱，既拓宽了学生思路和知识面，同时又培养了学生的创新能力。

"练习套餐"难易程度可以适合不同层次的学生，能够充分发挥学生的主动性和创造性，有助于学生养成严肃认真的治学态度，同时可以及时反馈教学效果。

三、作业是晚餐，需把握"适量"

生活现状：在现实生活中，许多人家只有晚餐才能一家人聚在一起吃。由于在外辛苦了一天，因而，把晚餐作为正餐而大嚼大吃的比比皆是。其实，晚餐吃得多会让人消化不良，容易肥胖，久而久之，人的健康都会出现问题。

教学现象：在现实中，很多教师一味地追求"题海战术"，认为数学知识的掌握主要靠多做、死做，所以在布置家庭作业时只讲究"多"，"捡到篮里就是菜"，结果使学生疲于应付，许多学生要么乱作一气，要么抄袭成风，不利于学生能力的发展。

针对性反思：许多教师总是认为，多做几道题总比少做或不做要好，因此，在布置家庭作业时常常对某个知识点做反复的练习。这种操练式的作业对提高学生的计算成绩有显著的效果，而对解决开放性的问题没有显著的效果。美国国家教育统计中心 (NCES) 曾向58000名学生分发问卷，调查他们平均每星期用于回家作业的时间量，参加这项调查的提摩西·基恩认为："对于任何一个有能力水平的人来讲，增加作业量都会使成绩提高，回家作业具有补偿的作用。"然而他又发现另一个有趣的现象，在他的调查取样中，学生用于回家作业的平均时间并不特别多，而学习成绩却出奇好。因此，他认为回家作业量不能无限地增加，只能适量，超过一定的界限，反会造成成绩下降。如果在不良的情况下过度练习，比如说让学生做100道类似的题目，就会产生负面影响，使学生不喜欢学习甚至厌倦学习，反复的练习体现在"熟"上，有句话叫"熟能生巧"，但过度的作业会"熟能生厌"，使学生不想学习，阻碍学生的发展，所以又有一句话叫"熟能生笨"。作业布置适量对于提高学生的学习成绩、培养学生的积极探索精神和自我管理能力都是重要和必要的。

在数学教学过程中，合理搭配好"三餐"，让学生从中汲取营养，是素质教育综合实施的一大特色，它给我们一线的数学教师指明了前进的道路。

第九节　初中数学课堂教学中的师生互动

在新课改的要求下，初中数学课堂师生之间的互动成为教学的一个重点。通过师生互动的学习方式，有利于加强学生的学习兴趣和课堂注意力，同时也能使教学质量事半功倍。然而，受到传统教学模式的影响，目前初中数学课堂上的师生互动还存在较大的问题。本节从实际数学教学情况出发，针对初中数学课堂上师生互动模式所遇到的问题提出了一些看法和见解。希望能为广大初中数学教师提供帮助，为促进课堂上的师生互动提供更多可行的建议。

随着时代的不断进步发展，传统数学教学模式显出的弊端已经越发明显。传统数学教学侧重于学生的解题能力，忽视了学生的数学思维以及创新能力的培养。从某些角度来看，传统的教学模式制约了学生发展，阻碍了学生发展独立的思维能力。而师生互动的新型教学模式不仅能够让学生从题海当中解放出来，同时还有利于学生自主学习意识的培养，有利于数学学习成绩的提高。因此，对于初中数学教学而言，师生互动已经成为课堂上重要的一环。

一、师生互动模式的意义

对于初中数学教学而言,除了要加强学生的数学能力之外,对于学生数学思维的培养也是教学的主要目的。而传统教学模式却将学生固定在数学解题能力的锻炼之上,忽略了学生思维能力的学习。在实际教学当中,教师应当从学生的角度出发,让学生成为课堂的主体,指导学生学习数学知识。与此同时,教师也应该发挥自己的人格魅力,使课堂变得轻松有趣,努力营造一种愉快的学习气氛。教师要及时听取学生的想法,共同寻找解决问题的途径,对自己教学当中的错误点进行及时改正,根据不同类型的学生使用不同的教学策略。另外,由于数学还具有一定的逻辑性,许多学生常常会产生厌学心理。而师生互动的教学模式能够帮助教师加强对学生的了解,有针对性地帮助学生巩固基础知识,提高学生的数学思维,帮助学生建立正确的学习方式。除此之外,师生互动的教学方式还有利于学生理解数学知识,加深对所学知识的印象。让学生在一个相对较为轻松的环境下主动地去学习,找到学习的乐趣,提高学生的学习积极性。

二、加强师生互动的策略

(一)改变传统的教学模式

教师讲、学生听是传统的教学模式。然而,这种模式却存在诸多弊端,非常不利于学生的综合发展。因此,教师应当以学生为中心,提高课堂的趣味性,加强学生之间的交流以及师生之间的交流。例如,教师可以采用分组的方式,让学生分成若干个小组。学习了新的知识点以后,小组成员可以进行讨论、分析,这样有利于加深对于知识点的理解。与此同时,教师应当在学生之间多走动,聆听学生的看法,及时帮助学生指出错误所在。

(二)改变自身的角色

以往的数学课堂当中,教师是课堂的中心,所有的学生都需要跟着教师的思路进行学习。教师也应当改变自身的角色,从一个领导者变成引导者,让学生成为课堂的主体,引导学生去学习数学知识。同时,教师应当充分地重视学生的看法以及观点,加强与学生的交流。例如,在学习新的知识点的时候,教师可以通过提出问题的方式让学生结合新学知识点来回答。不仅要让学生回答,还应当让他们说出自己的想法和解题思路,对于思路正确的学生要适当表扬,回答错误的学生要及时鼓励,引导其寻找正确答案。只有这样,才能让学生在学习当中收获自信,找到学习的乐趣,提高学习成绩。

(三)加强同学生之间的交流

在实际数学教学当中,许多学生往往因为自身性格的原因,即便遇到了问题也不会去主动找教师询问。长此以往,就会导致学生不懂的问题越来越多,使得学生学习困难,失去对学习数学的兴趣。因此就需要教师多同学生进行交流,与学生做朋友,鼓励学生说出自己心中的疑惑。例如，在做某些较为复杂习题的时候，教师可以让学生内部先进行讨论，以小组为单位提出不懂的地方，再同学生交流，引导学生用正确的思路去解答这道难题。这样一来，不仅可以让每一个学生在交流的过程当中加深对习题关键点的印象，还有利于学生思维能力的培养。

（四）师生互动要从实际生活出发

从生活中学习数学是一种很好的数学学习方式，能够不断加强学生对数学知识的理解和应用能力。教师应当多列举生活中的事例，引导学生使用数学去解决生活中遇到的问题。例如，在遇到路程问题的时候，教师可以设定一个模拟的情景，让学生充分地发挥自己的想象力去想象这个情景，把生活代入学习中去。这样一来，不仅能够让问题得到有效的解决，锻炼学生的解题能力，还能让学生认识到数学对于生活的重要性，提高学生对于数学学习的兴趣，提升课堂的质量，让每一个学生在学习中有所感悟、有所进步。

师生互动是初中数学教学中的重要一环。不仅能够加强师生之间的交流，还能帮助教师更加了解学生的学习情况，便于教师有计划性有针对性地帮助学生学习。与此同时，师生互动还能营造一种轻松的学习环境，让学生在欢乐中学习数学知识。只有扩大师生互动的方式，提高师生互动的频率，才能提高教学质量，从根本上解决传统教育模式遗留下来的问题。因此，教师要在多方面加强师生互动，提高学生的课堂参与性，促进学生数学思维的形成，与学生共同进步、共同提高。

第六章　初中数学教学中学生能力的培养

第一节　初中数学教学中提问能力的培养

伴随新课标的深入实施，课堂教学的手段逐步趋于多样化，致力于顺利完成教学目标。然而，在日常的教学中，教师对于学生主动提问能力的培养还有所欠缺，同时，也因为很多学生受到过去教学模式的影响，习惯于处在被动接受知识的状态，而缺乏良好的自主学习意识。因此，本节以初中数学教学为例，针对学生主动提问能力的培养展开探究。

基于新课改的推行，我国教育对于学生综合素质培养的重视程度越来越高。在课堂教学中，学生提问能力直接影响着其最终的学习效果，尤其是初中数学，知识内容日益复杂化，如果只依靠教师的讲述，很难带动学生深入思考，无法获取有效学习成果。为此，教师需要加强对该方面能力的培育，优化自身的教学方式，积极鼓励学生敢于发言和提问，养成善于思考的好习惯，从而锻炼他们的提问能力，以促进其自主学习能力的不断提高。

一、优化课堂教学方法

在课堂教学过程中，如果教师的授课方法一成不变，很容易导致枯燥的学习氛围，并且难以维持学生的学习热情，甚至丧失听讲的兴致。为此，教师应当优化自身的教学方法，需要注意的是，根据学生的学习需求，教师可以在课堂上留意学生们感兴趣的内容，并结合教材内容，进行综合整理，设置出合理的教学方案。

例如，在人教版"轴对称"这一课的教学中，教师可以提前准备好相关的轴对称图形，并通过多媒体展示给学生看，以此加深他们对于轴对称概念的理解。与此同时，教师可以利用日常生活中学生感兴趣的事物，如交通标志、建筑物等，去引领他们进行观察，通过观察使其产生疑问："为什么建筑物需要运用轴对称的设计，没有轴对称可以成立吗？"这个时候，教师要鼓励学生积极说出自己的问题或质疑，并耐心听他们讲完，最后给予回答，带领他们了解轴对称在生活中的作用。通过这样的方式，转变以往的教学方法，抓住学生的兴趣点，引发他们的疑问，从而激发他们的提问欲望，不仅能够锻炼他们的自主思考能力，还可以训练其观察能力，进而培养他们的数学思维，加强对知识的掌握。

二、鼓励学生敢于提问

在初中数学课堂上，教师想要有效激发学生的提问能力，就要多加关注他们的学习动态，从而及时发现他们存在疑惑的地方，并鼓励他们积极说出问题。对于主动提问能力的培养，同时也在锻炼他们的数学思维，只有通过思考，才能更加深刻地理解数学知识，不断增进学习成效。与此同时，通过提问，教师也能发现他们学习中的困难，然后针对困难进行重点讲解，帮助他们掌握重难点知识，继而促进课堂效率的提高。需要注意的是，老师不要只是为了培养学生的提问能力，而忽视了对问题的采纳和评价，应当对其提问做出正面的回应，并帮助他们解决问题，才能有效地激发起学习的自主性。

这就需要教师要公平对待每一位学生，学习基础较弱的学生提问后，教师应当加以重视，并积极鼓励他们，以此维持他们提问的积极性。另外，对于平时性格较为内向的学生，老师要多加关注他们，并且主动与其互动，引导他们敢于提问，如针对某个知识点，教师可以说："这个部分有个问题，你们发现了吗？"并主动点名，引导性格内向的学生发言，以此带动全体同学养成敢于提问的好习惯。特别是对于初中数学而言，学生只有不断地提出问题，才能探索到更为深入的数学知识，为此，教师在课堂上要转变以往的教学方式，积极引导他们提问，以此锻炼他们的提问能力，凸显他们在学习中的主体位置。

三、创设问题情境

在课堂中融入情境教学，是一种行之有效的教学手段，能够活跃课堂氛围，以此激发学生的提问欲望，锻炼他们的数学思维，从而更好地掌握数学知识。情境的创设能够让学生看到不一样的教学形式，大大激发他们的学习兴趣，从而能够专注于问题的思考和分析，帮助他们养成提问的习惯。

例如，在学习"勾股定理"时，教师可以创设小组学习的情境，将学生分成两组，其中一组提问："一个等腰三角形，它的两个直角边长与另一条边长是什么关系？"这个时候另一组同学要回答这个问题，通过该方式，帮助学生互相提问、互相作答，然后再引出该课知识点，帮助学生探析重点知识，得出结论。这不仅锻炼了他们的提问能力，并且还锻炼了他们自主探究能力，通过特殊的教学方法，加深他们的印象，继而促进教学效率的提高。

总而言之，在初中教学中需要增强学生的提问能力，才能帮助他们更好地深入数学的学习当中，激发他们的探究欲望。为此，教师要抓住学生的兴趣点展开该教学，并且要积极鼓励他们敢于提问、善于发问，引领初中生学会在问题中进行分析和思考以获取答案，强化学习效果。通过有效的教学手段，融入提问能力的培育，有助于学生养成良好的学习习惯，进而提升教学的有效性。

第二节 初中数学教学中解题能力的培养

随着新课改的不断深入，在初中教学课程中如何培养学生的解题能力已经成为广大数学教师和家长都关心的重点问题。在数学教学课程中培养学生的解题能力，能够促进学生独立自主地进行思考，对学生未来的发展与成长都起着重要性的作用。其实培养初中学生解题能力的本质是为了提高学生分析和解决问题的能力。本节就是从初中数学教学现状入手，结合实际情况来培养初中学生的数学解题能力。

近年来，随着我国素质教育改革的推进实施，在初中数学教学过程中加强对学生数学解题能力的培养也有了更为重要的意义。初中学生本身就面临中考的巨大压力，在初中数学教学课程当中培养学生的解题能力和解题思维远比让学生置身于题海战术之中更有效。因此，为了使初中学生获得良好的数学成绩，就必须提高初中学生的解题能力。本节就针对这一问题，提出几种有效方法。

一、培养学生仔细审题的习惯

培养初中学生解题能力的首要前提是要让学生养成仔细、认真审题的习惯。审题能够为解题提供思路与方向，是解出问题的重要依据。教师在初中数学教学过程当中，要充分理解题意以及题中给出的已知条件和未知条件，如果题中并没有明确给出已知条件，那就要根据相关的已知定理、公式去进行思考和解决。

（一）充分了解题意，并画出辅助解题的图形

在初中数学教学过程中，在培养学生仔细审题习惯时，必须让学生充分地阅读理解题目的文字叙述，尤其是要加深对重点字眼的理解，然后根据理解找出题目中的全部条件，一是题目中明确给出的已知条件；二是要仔细发现题目中的隐含条件；三是根据条件画出有助于解题的草图，这是审题的基本内容。

（二）分析已知条件与解题目标之间的联系

我们做的每一道数学习题都是由若干条件和解题目标组成的。学生在充分理解题意，清楚题目文字叙述的基础上，找出已知条件与解题目标之间的联系，并画出与之相关联的草图，将条件与目标标注在上面，来找出它们之间的内在联系，以求顺利地解答出题目。

（三）判定题型，确定解题思路

当学生要解答一道数学题时，一定是先要阅读这道数学题，并判断出这道数学题是属于哪种题型，究竟是一次函数还是方程不等式？学生只有判断出数学题的类型，才可以根据相关数学理论进行分析和解答。这也对教师提出了更高层次的要求，教师在数学习题的

讲解过程当中，要帮助学生识别各类题型的特点，并将解决这类题型的解题方法教授给学生。这样做，当学生再遇到类似的题型时，就不会一头雾水，毫无解题头绪了。

二、培养学生的解题技巧，提高灵活运用知识的能力

（一）巩固学生的基本知识

中国有一句老话说得非常好："万变不离其宗"，这句话也非常适用于数学教学中。数学教师只有在日常教学中巩固学生的基本知识，为学生打下坚实的数学基础，当学生遇到数学题时，才能够有效地分析出这道数学题应用的理论知识和基本公式。同时，教师在帮助学生解题的过程当中，也要让学生掌握数学思想方法，如整体思想、分类讨论思想、函数与方程思想、化归思想和数学结合思想等，将这些思想有效地应用到数学课程当中能够有效提升学生的解题技巧。还有教师在讲解数学习题时，要将讲解的数学习题进行类型性归纳，并总结出这一类型题的解题技巧和解题思路。这能够帮助学生在以后的数学解题过程中减少判别题型的时间，提高学生试卷答题的效率。

（二）培养学生灵活运用知识的能力

在我国初中数学教学课程当中，教师除了要巩固学生的基础知识之外，还必须提高学生灵活运用知识的能力。根据对我国初中院校数学课堂的实际调查，大部分学生在数学课上都认真听讲，几乎不存在睡觉、注意力不集中等现象，但是很多学生的数学成绩却与自己付出的时间和精力不成正比。深入探求原因才发现，尽管学生在数学课上认真听讲，但是所学的知识却过于死板，生记硬背学下来的数学知识无法有效地应用到数学解题当中来，在这样的情况下，学生想要提高数学成绩无疑是天方夜谭。因此，在初中数学教学中，培养学生灵活运用知识的能力至关重要。

（三）培养学生的反思习惯，提高学生的解题能力

国外著名的数学教育家弗莱登塔尔曾经说过："反思是重要的教学活动，是一种积极的思维活动和探索行为，是发现，是再创造。"这句话无疑肯定了培养学生反思习惯的重要性。在数学教学过程中，教师要指导学生在解题后进行反思，这种反思是对解题中的思想观点和解题方法、解题技巧的有效归纳、总结。培养学生的反思习惯，能够有利于学生选择出合适、简捷的解题途径，也有利于培养学生的数学思维能力，提高学生的解题能力。

总而言之，培养学生的数学解题能力，首先必须让学生养成仔细认真的审题习惯，其次教师要巩固学生的基础知识，并加强对学生各种题型的训练，提升学生的解题技巧和灵活运用知识的能力。最后还要让学生在解题后进行反思和归纳总结。只有这样，学生的解题能力才能够稳步提高。

第三节　初中数学教学中应用能力的培养

为了符合社会对人才提出的各种需求，初中数学教学应该更加重视培养学生的应用能力，帮助他们构建特定的数学学科思维。因此，在实际教学中，教师应该对此方面引起高度重视，并采用合理有效的方式培养学生的创新能力，充分调动他们的学习主观能动性。基于此，本节重点分析了初中数学教学中应用能力的培养策略。

数学同人们的日常生活存在着紧密联系，因此，初中数学教学作为整个教育中的一个重要的过渡阶段，必须加强培养学生的数学应用能力，能让他们学以致用。然而，就当前的初中数学教学而言，教师往往过于重视对理论知识的讲解，并未注重培养学生的应用能力，从而对他们数学应用能力的提高造成了严重影响。因此，为了有效解决这一问题，本节针对初中数学教学中应用能力的培养策略展开了分析。

一、创新课堂教学形式，丰富教学内容

初中生尚处在青春期，非常喜欢探究新鲜事物，因此，教师与家长应该采用正确的方法对其加以引导，充分发挥他们的想象力。另外，还应该对传统的教学模式加以创新，缩短教师的讲解时间，并在课堂教学中多与学生展开互动，让他们获得参与感和成就感。此外，在完成教学任务的基础上，还可以让学生扮演教师的角色。或者是多使用一些能够有效激发学生学习兴趣的道具，以此来帮助他们深入理解抽象的数学知识。以人教版新目标初中数学教材七年级上册中的"几何图形"这一部分的教学为例，教师向学生讲解立体图形与平面图形时，就可以利用一些有趣的拼图或实物将相关的图形展示出来，以此来调动学生的学习积极性。

二、结合实践来开展初中数学教学

就初中生而言，其数学应用能力重点表现为学生能否应用所学的数学知识来有效地解决生活当中的实际问题。在初中数学教学中，学生就接触了应用题，因此，为了进一步提高学生的学习能力，有效培养他们的数学应用能力，教师应该与实践相结合来开展初中数学教学。以人教版新目标初中数学教材九年级上册中"圆"这一章的教学为例，教师就可以利用日常生活中的实例来开展教学。首先，教师应该向学生展示自行车、太阳、车轮等图片，以此来帮助他们初步认识"圆"，接着，教师可以让学生观察这些图形，并找出它们的共同特点，体会圆与实际生活存在的密切联系，从而既能为学习圆的相关概念奠定良好的基础，同时还有利于调动学生的学习积极性。然后，以此为基础，教师再向学生提出以下问题："车轮为什么做成圆形？如果做成正方形会产生什么结果？"以此来激发学生的思维。

最后，教师向他们讲解如果将车轮做成圆形，车轮上各点到车轮中心的距离均等于车轮的半径，当车轮在平面上滚动时，车轮中心与平面的距离保持不变，因此，在车辆行驶的过程中，坐车的人能够感到十分平稳；倘若做成正方形，其中心到地面的距离就会随着正方形的滚动而改变，不稳定。

三、引导学生展开自主探究，增加学生数学应用的方法

（一）引导学生展开自主探究，构建数学思维

在开展初中数学教学的过程中，引导学生展开自主探究，除了是为了让他们学习数学知识，还要帮助他们掌握科学探究的方法，以此来提高其自主意识和创新能力。因此，教师应该在课堂教学中多为学生提供一些展开自主探究的时间与空间，引导他们积极提出问题；尤其是当学生发表的见解产生偏差时，教师一定要引导他们进行自我改正。比方说，就某些几何说理题而言，为了节约时间，教师常常只讲解一种证明方法，并未充分地考虑学生的个体差异，从而无法提高他们的创造能力。为此，教师应该让学生体验各种证明方法，并从中选取一种最适合自己的方法，以此来确保每名学生均能够获得发展。

（二）积极展开合作交流，进一步拓展学生的思维

在开展初中数学教学的过程中，要想提高学生的数学应用能力，教师就应该引导他们积极展开合作交流。另外，在此过程当中，教师还应该按照学生的反应对教学方法加以调整，以此来帮助他们构建数学模型，并通过合作交流来调节自己的学习过程，评价自己的学习效果。以人教版新目标初中数学教材七年级下册中"统计调查"这一部分的教学为例，首先，教师可以将全班学生划分成几个小组，然后，让他们以小组合作的形式针对每天完成作业的时间展开调查，制作一个统计表，并根据表格相互之间进行提问。在合作交流的过程中，每名学生在听取其他学生建议的同时，对自己的思维进行合理调整，从而进一步拓展自己的思维。此外，教师还应该鼓励学生在合作交流中运用所构建的数学模型来解决具体问题，以此来培养他们的数学应用能力。

综上所述，在开展初中数学教学的过程中要想有效培养学生的数学应用能力，就应该要求教师对此方面引起高度重视。另外，教师还应该积极采用多样化的课堂教学方法来培养学生的数学应用能力，比方说，组织开展数学竞赛等。此外，教师还要在教学中给予学生更多的鼓励与帮助，以增强他们的数学学习信心，提高他们的数学思维能力，构建良好的师生关系。

第四节 初中数学教学探究能力的培养

随着新课改的不断深入，探究能力的培养在初中数学教学中也越来越受到重视。初中数学新课标明确指出，数学学习不能是简单的记忆、模仿，而应当是合作交流、自主探索、

动手实践相结合的科学教学模式。初中数学教学必须充分地体现学生在教学中的主体地位，强调研究性学习的重要性，才能真正培养出符合时代发展要求的创新人才。本节结合笔者多年教学经验，针对初中数学教学中如何培养学生的探究能力进行了粗浅的探讨。

在初中数学课标中明确指出：数学学习不应当只是单纯的记忆与模仿，而应当将合作交流、自主探索、动手实践作为学习数学的主要方法。初中数学教学必须充分地认识到学生在教学中的主体地位，重视学生的自主研究学习，唯有如此才能培养出符合时代发展要求的创新人才。因此，在初中数学教学中，有必要加强探究能力培养，以促进学生自主学习能力的提升。

一、在教学中多倾注情感，鼓励学生探究

我国著名的教育家陶行知先生认为，不爱学生的老师，是无法教育好学生的。"爱"作为一种有效而独特的教育方式，教师若能向学生多倾注情感，让学生感受到老师的殷切期望和爱心，就能使学生对老师产生信赖感，从而"信其道"。特别是针对一些基础差的学生，教师应当帮助他们分析成绩上不去的原因，在教学中要为其制订相对低一些的目标，鼓励其循序渐进的进步，对于学生的每一个小的进步，教师都应当给予表扬，使其获得成功体验，在学习中体验到乐趣，从而不断增强自信心。作为教师，应当充分地认识到自己与学生在人格上应当是平等的，所以应当主动亲近学生，与之平等交流，让学生感受到老师的和蔼可亲，改善师生关系，从而使学生敢于探究，逐渐形成"好学、乐学"的良好品质。

二、激发学生的数学学习兴趣，培养探究意识

在教学活动中，兴趣永远是最好的老师，只有兴趣才能激发学生的学习欲望。由于数学本身具有很强的逻辑性、抽象性，所以在学习过程中容易让学生感觉到单调、乏味、难学、难懂。要激发学生的兴趣，最有效的方法就是创设适当的情境，以激发学生的求知欲。通过创设合理的问题情境，能让学生从中发现问题，激发探索欲望，从而主动进行探究。通过这一过程，不但能够培养学生发现、解决、分析问题的能力，同时也有助于增强其创新能力、研究能力。

例如，笔者在讲解多边形内角和这一知识点时，先设计了如下问题：同学们，只要你们任意多变形的边数，老师都能知道它的内角和，大家信不信？再比如，在讲解"求代数式的值"一课时，笔者设计了如下问题情境：同学们，大家把自己的年龄×2，再减去3，然后×4，再加上12，告诉老师结果，老师就可以马上知道你的年龄。笔者在提出这个问题后，同学们都十分惊讶，眼神中流露出疑惑，这就很好地激发了学生的兴趣，再通过将上述问题情境利用代数式表达并化简，就让学生明白了化简代数式后进行求值的重要性。

三、鼓励学生大胆地猜想、假设

在学生遇到问题时，教师应当鼓励其大胆地假设、猜想，然后小心求证，通过这一过程可有效培养学生的探索精神、创新思维。数学知识本身就具有极强的逻辑性、系统性，学生在学习新知识时，也都是以已掌握知识为前提的，所以教师在教学过程中，应当找准新旧知识间的契合点，让学生学习起来更容易理解和接受。

例如，笔者在讲解"等腰三角形"时，先让学生画出一个一般三角形（△ABC），然后让他们过顶点A做高、中线、角平分线，让学生掌握相关概念以后，利用投影仪，对△ABC中顶点（A）的位置变化进行演示，让学生仔细观察三条边的变化，然后提问：若边AC与BC相等，三角形会是什么样子的呢？在提出问题后，笔者让学生根据自己的假想，画出相应的图形，再让学生画腰上的高、中线、角平分线，最后通过类比，印证了"等腰三角形顶角平分线、中线、高线三线重合"这一假想，让学生在观察、比较、分析的过程中，主动获得新知识，同时也有利于培养其创造能力和学习能力。

四、创建模型、科学引导

数学教师可以利用学生已经掌握的知识点，设计出数学模型，让学生作答，以提高学生的综合应用能力，从而促进探究能力的提升。例如，笔者在讲解"代数式"一课时，设计了如下问题模型：比b小18的数是？李明买香蕉用了a元，买苹果用了b元，请问李明一共用了多少元？货车在T分钟内一共行驶了S米，请问货车每分钟行驶多少米？一筐苹果重a千克，请问6筐苹果重多少千克？笔者在讲解本堂内容之前，先让学生逐一解答上述题目，然后引导学生找出这些代数式的规律、共同点，再逐渐引入代数式观念，让学生通过回顾已学知识，逐渐掌握新的知识，进而提升其探究能力。

五、充分运用信息化资源，拓展学生的探究视野

随着现代信息技术的不断发展，不少中学也引入了计算机信息技术，用以辅助教学。初中数学教师应当充分运用信息化资源，丰富教学形式，从多方面刺激学生感官，在激发学生学习兴趣的同时，也可有效拓展学生的视野。利用动画、声音、文字、图像演示，将静态的教材知识变为动态演示，将抽象难懂的数学原理变得形象、易懂，从而使数学教学难点得到有效突破。例如，笔者在教授"圆的认识"一课时，在进入正课之前，利用多媒体技术，在荧幕上为汽车绘制了正方形、长方形、三角形、圆形车轮，并在动画演示下，让汽车运动起来，从而为讲解圆形定义埋下伏笔。再如，在讲解"图案的设计"时，笔者利用多媒体课件，向学生展示了各种各样的图案设计，既丰富了课堂内容，也让学生见识到了更多教材上没有的知识，让学生体会到了学习数学的乐趣，进而主动地学习，为探究能力的培养打下坚实的基础。

第五节　初中数学教学中数学思维能力的培养

　　初中时期是学生掌握知识，提升思维能力并树立人生观、价值观与世界观的关键时期，在初中数学教学中培养学生的思维能力，可以为学生后期的学习打下基础。然而，当前教师在培养学生思维能力的过程中，尚有许多亟待解决的问题。基于此，本节简单介绍了数学思维能力的重要性，并就如何在初中数学教学中培养学生的数学思维能力提出了几点建议。

　　传统的初中数学主要是通过教师的讲授让学生了解数学知识，教师始终把控整体课堂，问题的解决主要是通过教师的分析和讲解，很多同学不喜欢动脑，在这样的过程中过度地依赖老师，自己的能力也就没有得到锻炼。学生是教学活动的主体，教育的根本目的是教书育人、促进学生的发展，教师在教学过程中不应该只是向学生传授知识，还应该培养学生的数学思维能力，养成勤于思考的好习惯，尽量地依靠自身的思维能力去解决问题。

一、初中数学教学中培养学生数学思维能力的重要性

　　数学思维能力的养成对于学生数学的学习有着至关重要的作用。随着新课程改革的深入发展，各个学校也更加注重对学生思维能力的培养，数学能力的提高需要培养学生良好的数学思维能力。而数学是一门十分讲究规律的学科，在解决数学问题的时候掌握举一反三的能力，有利于高中阶段的数学学习。在学习数学的过程中，理清各个条件之间的关系，根据关系选择合适的解决方法是数学的基本解题步骤，如果在这个过程中不进行思考或者缺乏思维的能力可能就无法顺利地解决问题。

二、初中数学教学中培养学生数学思维能力的策略

　　基于多年教学实践和经验总结，初中数学教学中培养学生数学思维能力的策略主要有以下几点：

　　进行提问培养学生的质疑精神。发现问题、思考问题、解决问题是数学学习中的重要步骤，学生的思维正是从问题开始的。在数学问题中总会具备很多的条件，在这个过程中学生要根据数学的公式定理利用题中的条件解题。教师要根据学生内心的冲突和提出的问题进行课堂讨论，这样不但可以让学生对知识的掌握程度更深，同时还可以培养学生的思考能力，从而促使他们养成严谨的数学思维。如在教学"数据的收集、整理与描述"这一章节的内容时，教师就可以培养学生的质疑精神。教师可以一个练习题为课堂的引子，题目为当地去年第二季度的气温水平。教师给予学生一定的时间得出气温的最高值和最低值，并以中位数为基础画出频率分布直方图。一定时间后，教师可以随意抽取几名学生，询问他们在统计中的收获，收获可以是关于当地的天气状况，也可以是统计方法和技巧。

营造良好的课堂学习氛围，以此激发学生的学习兴趣。对于初中学生来说，数学相比其他科目的学习难度更大，因此，学生需要为其投注更多的精力。兴趣永远是最好的老师，学生能够主动学习最主要的动力就是兴趣。为了激发学生的学习兴趣，充分地发挥学生的主观能动性，教师要创造良好的课堂气氛，引导学生充分表达自己的意见和观点，学生和学生、老师与学生之间形成良好的互动，增进彼此的情感交流，加深友谊关系。为了营造良好的课堂氛围，教师可以在授课过程中融入情景教学的方式。例如，在学习"三角形的稳定性"这一章节的内容时，教师可以让学生利用吸管和尼龙线等工具制作一些图形，并将图形带到课堂上去。在制作过程中，学生能够明显地感受到：三角形的稳定性远远高于其他形状，因为其他图形会因为尼龙绳的移动而发生变形，如矩形变为平行四边形。这样的教学方式使课堂的趣味性提升，学生因此更有意愿去学习有关的数学内容。

培养学生独立思考的能力。"授人以鱼，不如授人以渔。"教师培养学生的目的也正是如此。教师的教导不只是让学生掌握必备的初中数学知识，更重要的是教会学生学习的能力，独立思考的能力也是学生学好数学的必备能力。在教学的过程中，教师要有针对性地培养学生独立思考的能力，要给学生创造去独立思考的条件和机会。例如，在学习因式分解这一章节的内容时，教师在教导有关证明的知识点时，尽量让学生跟着自己一起过一遍，避免出现直接告诉结论的现象。这样一来，学生可自己去思考和学习，学生自己能理解的要让他们自己去理解。要让学生自己对所学的知识进行讲解，能讲明白就证明他学的一定很深刻。要尽可能地让学生对自己遇到的问题进行思考，教师再给予正确的指导。教师要锻炼学生自己独立动手能力，凡是学生自己能做出来的就要让他们自己去实践。在学生已经解决了所遇到的问题后，一定要引发学生进行深入思考，联系更多的相关知识和题型，这可培养学生进行发散思维的习惯，从而促使他们更深刻更全面地思考，进而提升自己的独立思考能力，在不知不觉中数学思维能力水平就上升了。

综上所述，培养学生的思维能力是十分重要的，培养学生思维能力的方法也有很多，我们要根据学生的实际情况，营造良好的学习氛围，调动学生积极学习的兴趣，养成学生进行独立思考的能力，从而培养他们的学习兴趣。学生数学思维能力的培养也不是一蹴而就的，我们要做好充分的心理准备，用足够的责任感和热情去坚持不懈，相信一定会为社会培养出更多优秀的人才。

第六节　初中数学教学中学生数学阅读能力的培养

数学课程处于不断改革的状态，在考试形式上也有诸多创新，比如，在数学题目中加入阅读理解题，是对学生新的考查要求，要求学生在阅读后理解的基础上根据所学知识解题。该题型对学生的理解能力、学习能力均有较高的要求，大部分学生的理解能力较弱、学习能力较差，依赖教师的阅读讲解，使得阅读能力越来越差。教师应该注重培养学生的自主阅读能力，增强学生解决阅读理解问题的能力，使学生的数学能力得到提升。本节以初中数学教学为例，站在数学教师的角度，提出中学生数学阅读能力的培养策略，以切实提高中学生的数学阅读能力。

一、营造好的阅读气氛

提升学生的数学阅读能力，最有效的措施是营造好的阅读气氛，这也是培养学生阅读能力之前需要做好的准备工作。学生在良好的阅读气氛中，更有利于阅读能力的培养，能力提高的幅度更大，教师实际教学工作的效率也会更高。营造好的阅读气氛包括课前阅读环节，教师选择内容让学生阅读，让学生对阅读内容中的逻辑语言进行初步学习，从中品析出数学文本的基本特点，提高对逻辑语言的关注度，后期教师对阅读文本进行分析时，学生的学习兴趣也会有所提升。营造好的阅读气氛后，学生也会一直保持阅读习惯，对影响阅读质量的公式进行深究，从而扩充知识量，并让学生的学习充满趣味性，让学生学有所得。长此以往，学生对数学阅读将会保持热忱，并乐意去阅读，学生的阅读能力也会相应得到提高。

二、教授学生阅读方法

（一）着重捕捉内容中的信息

数学语言本身带有数学特色，加上数学学科本身属于逻辑性较强的学科，数学语言又相对精练，较难理解。在数学语言中，大多数信息是有用的信息，需要对整个条件内容进行概述，这样一来，数学语言与语言间的联系减少，对学生的理解有更高的要求。由于数学语言中有诸多条件，学生很容易忽略数学阅读文本中的关键条件，导致文本无法与知识相连接，许多学生一直未掌握数学阅读的精髓，如无法敏锐地找出文本中的信息和对知识不熟悉有较大关系。而着重捕捉内容中的信息是学生在阅读时的首要步骤，学生提高对信息内容的关注度，找出文本中的信息，才有助于推进阅读工作，解决实际问题。在此过程中，教师必须重视对学生进行该内容的教学，引导学生在数学文本中找出关键信息，提高学生对信息的敏锐度。

（二）培养学生转化和互译的能力

由于数学学科的特殊性，数学文本通常由符号、文字、数字和图像共同构成，每一项都在文本中起着举足轻重的作用，而正是这些符号和图像增加了学生的阅读难度，学生在转化和互译过程中常常出现问题，这些问题也是因为学生无法提炼出文本的正确信息，导致理解的偏差，同时也影响了数学问题的解决。教师在教学过程中应该将数学文本的几大构成元素作为教学重点，着重培养学生的转化能力和互译能力。比如，教师可以引导学生自行作图，并尝试用数学语言将所绘制的图案阐述出来；也可以直接让学生根据图像和问题写出问题的答案，锻炼学生快速思考的能力。与此同时，对一些学生经常出错或记忆难度大的公式，教师应在课堂上重复提及，提高学生的重视度和记忆效率。此外，教师还需要培养学生互译的能力，比如，在三角形中，有一条适用于等腰三角形的三线合一定理，教师用几何符号展示该定理，再要求学生用数学语言描述，或者先用数学语言描述，再要求学生转换为定理，通过互译的方式让学生掌握数学定理和数学符号，使阅读有迹可循。

（三）培养学生揭示隐含条件的能力

数学题目和答案中的文本往往具有抽象性，需要深究才能找到文本中的规律，要求学生掌握揭示隐含条件的能力，在阅读时找准题目中的深层含义，从而把握住题目中的所有信息，提高做题的正确率。教师需要培养学生的信息发掘能力，在平时做题时鼓励学生多找出题目中的数据关系，不仅立足于题目本身，还深入题目中。比如在几何图形中，根据题目所给的条件，除了证明题目中的线条和角度关系外，图像中也包括其他未要求求出的条件，教师需要鼓励学生发掘这些信息，引导学生在做题时发散思维，提高对数学文本的关注度，从而提高数学能力。

三、教授学生阅读技巧

（一）引言技巧

部分数学题目包含引言，有些引言中已经包含题目的解答过程，比如，有的题目引言中有销售额与销售量之间的关系，正好该题需要求解的便是销售量或是销售额。此类题的引言中包含解题思路，是解题的关键信息，必须要求学生掌握。另外，有的引言只是单纯地陈述背景，此类题目中的引言阅读无明显价值。因此，教师在向学生介绍引言时，必须提醒学生学会辩证地选择有用的信息，切实提高学生的阅读能力。

（二）重视概念

概念是组成数学问题的关键内容，同时也是数学文本中的构成核心，数学文本中的符号、图像都由概念撑起。学生对概念越熟悉，对数学文本的掌握度也就越高。教师应该从数学文本中的概念入手，逐字逐句地分析文本中的概念，并对学生进行详尽的讲解，使学生注重文本中的概念，也使学生在日常学习中加强对数学概念的学习，能熟练地将概念理解或译为文本语言。教师在日常教学中，将数学几大元素互相转换，让学生对不同形式的内容进行理解，在日积月累中不断地熟悉并掌握概念，数学文本阅读能力会因此得到很大提升。

（三）重视例题

例题是教师上课用来教授学生的内容，例题中不仅涵盖了几何信息，同时也涵盖了知识间的联系，认真厘清题目中的关系，有助于学生构建知识体系，提高解题效率。教师应该从例题入手，着重培养学生的例题理解能力，比如，可以在课堂上要求学生解题，并随机抽学生上讲台向同学讲述解题过程，这种方式能让学生重视例题，并提高对例题的关注度。针对学生在解题时的迷惑点，教师需要多次从定理和概念出发对学生进行讲解，旨在让学生理解例题源自概念，增加对概念的关注度，提升个人数学素养。

（四）引导学生进行数学思考

数学文本中蕴含的数学概念和数学知识都属于抽象的内容，学生要提高数学阅读能力，首先要提高对数学知识的理解能力，数学教师应该尽可能地引导学生多进行数学思考，并鼓励学生用学过的知识解决遇到的实际问题。在教学过程中，教师需要多对学生提出数学问题，鼓励学生用数学知识进行解答，用此方式拓宽学生的思维，使学生的数学解答能力在训练中得到提高，提高学生总体的数学阅读能力。

（五）说写结合，提高阅读有效性

数学文本中穿插着图像、文字、符号，因此，教师在教学时可以引导学生边说边写，边阐述数学意义边将数学文本写出来以及如何描述数学内容，同时学会如何书写文本内容，以达到数学阅读的双重功效。另外，说、写结合同时用到了大脑、嘴巴和手，能够满足多行为的要求，有助于学生的理解和记忆。与此同时，说、写结合的方法也让学生在阅读数学文本时有目的性，学习效果也能因此增强。学生在阅读时增加说和写的动作，有效解决了学生在阅读时的无目标状况，提高学生的阅读关注度，有利于提高学生的阅读能力。

总而言之，对学生的数学文本阅读能力进行培养，也属于提高学生数学能力的范畴，学生形成阅读习惯，再加上刻苦的学习精神，数学成绩便能得到提升。教师作为引导者，应该着重提升学生的学习兴趣，培养学生的求知精神，让学生养成自主学习的习惯，也利于学生根据自己的学习情况调整学习计划，从而提高数学成绩。

第七节　初中数学教学中学生自主学习能力的培养

随着当代教育改革的不断发展，培养学生的自主学习能力已经成为核心素养改革的主要目标，构建一个以兴趣激发和积极性引导的课堂教学情境有利于发挥学生的主体教学地位，从而全面推动初中生数学学科自主学科能力的培养。

自主学习能力具体是指学生在教学活动中表现出来的一种高效学习的综合能力，兴趣是培养学生自主学习能力最好的驱动力，鼓励学生进行探究和深入思考，有效应用到初中数学教学环节中，增强学生的数学质疑能力和思维创新能力。随着学生年龄和知识面的增长，初中数学表现出计算量增大、思维程度加深和解题方法多样的特征，培养学生高效的学习方法远比教给学生知识重要，发展学生的自主学习能力需要教师积极转变自己的课堂指导角色，更新数学教学理念，依据初中学生的数学兴趣和水平设计趣味性的教学活动可以发挥学生的教学主体性，有利于推动学生自主学习能力的提升。因此，初中数学整个教学环节中教师要把握教学时机设计问题教学情境教学,在轻松愉悦的氛围中培养学生的自主学习能力。

一、更新初中数学教学理念,重视有效课前预习

教学实践证明了课堂预习对于提升课堂教学质量的重要性,符合翻转课堂教学模式下提升学生自主学习能力的要求,可以充分发挥学生的学习积极性,教师更要更新课堂教学理念,以便更好地组织课前预习活动。导学案教学方法就是基于学生预习引导学生自主学习的有效模式,核心内容在于指导学生完成自主学习、力所能及地解决简单问题和鼓励学生的合作学习,结合教材内容进行自我学习,同时发现自己难以理解的内容,在课堂教学活动中提升专注程度,从根本上转变初中学生的数学学习模式,培养自主学习能力。

例如,初中数学在教学"分数与除法的关系"章节内容时,教师要精心设计导学案,引导学生的课前预习。在导学案设计时引入学生熟悉的情景:一个蛋糕平均分给两个同学,每个人可以分多少? 5个蛋糕分给12个同学,那么每个同学又可以分多少?引导性的问题推动学生通过自学得到答案,分数就是分子分母相除的结果,学生经过课前预习已经形成了初步了解。课堂教学中学生对导学案中不明白的内容进行讨论,初步解答,最后老师核对答案。

二、结合初中数学课堂内容,激发主动学习兴趣

数学是逻辑规律很强的一门学科,初中数学内容丰富,涉及方方面面的知识和具体应用,结合数学内容和特征设计的教学活动要不断地激发学生的数学兴趣,推动学生投入数学教学中主动探究,提升自主学习能力。兴趣是学生自主学习的重要推动力,教师在整个教学活动中也要发挥教学指导功能,有意培养学生自主学习的意识。要淡化学生对教师的依赖性,尤其是在数学课堂教学环节中要多鼓励学生质疑和探究,制订符合学生能力的学习任务,提供学生自主学习的机会,引导学生思考和交流。

例如,初中数学"解直角三角形"一章教学完,教师可以布置自主学习任务巩固课堂教学成果。教师:学习了三角形的相关知识后想必同学们对三角形理论的应用已有所了解,请同学们课后测量旗杆的高度,借助阴影和台阶的宽度比例进行实践,可以小组之间合作完成并在课堂进行展示。自主学习任务的布置使得初中学生积极查阅资料,思考有效的解决办法。重视数学知识的实际应用能力,需要鼓励学生在实践环节进行思考,培养了学生的分析问题和解决问题能力,发展了数学学科素养。

三、营造初中数学问题情境,鼓励学生自主学习

初中数学课堂教学活动中营造积极有效的教学氛围可以引导学生积极地参与教学活动,问题情境的创设可以引发学生思考,有利于发展学生的自主学习能力。实际教学过程

中，结合学生的生活实践，营造符合实际的问题情境，有利于整合生活资源到数学课堂中，贴近生活的数学现象可以引发学生的思考，利用数学知识解决相关问题，由此激发初中学生的数学学习积极性，可以改善当前学生数学兴趣不足的现象。作为一门应用性强的学科，数学和学生生活联系紧密，课堂教学中依据学生难以理解的问题，教师可以整合教学资源设计有效的问题，在自主学习模式下初中学生的数学兴趣和课堂积极性全面提升，有利于学生体会到数学学科的魅力，构建学习自信心。

例如，函数是初中学生学得比较吃力的内容，主要是因为学生思维不成熟，考虑问题不全面。像"一元二次函数图像"教学中，教师可以进行指导：同学们，对于一个 $ax^2+bx+c=0$ 的函数对称轴如何求得？函数图像的开口方向怎么判定？与 x 轴有几个交点怎么可以快速求得，请同学们仔细阅读课本进行合作学习，提出自己的问题进行讨论，或者请教老师。问题情境的创设要以学生的兴趣和数学水平作为前提参考，利用互动模式和合作学习提升学习质量。

四、合理运用微课教学手段，培养自主学习能力

由于自主学习是学生的必备素质，也是彰显学生主体精神的学习活动，因此初中数学教师需要在教学活动的安排上，把自主学习放在中心地位，并着重培养学生自主学习能力。现如今教育模式改革已经成为一个主旋律，在培养学生自主学习能力时，也要迎合这样的规律，引入创新性的教学手段和教育方法。在如今诸多创新性的教育策略中，微课教学法是培养学生自主学习能力的一个重要方案。教师可以基于微课设计翻转课堂，让学生在课前先进行自主学习，给学生提供更大的自主空间，从而提高课堂教学气氛的活跃度，为学生提供锻炼自主能力的坚实平台。教师在微课设计时需要抓住重点，明确教学目标，提高学生自主学习的针对性。

例如，在学习平行线与相交线时，教师可以先根据本课的重难点设计微课视频，运用生动直观的展现模式说明平行线和相交线的概念以及特点，指出其在数学当中的应用，让学生通过在课前观看微课视频自主掌握本课重点。为了检验学生课前自主学习的效果，教师可以在视频结束之后给学生设置思考题：AB//CD，CD//EF，那么还可以得到怎样的平行关系？这个问题会促使学生自主思考，积极回想微课视频当中的重点内容，用解题效果验证微课自主学习效果。以微课为依托的翻转课堂模式是一种创新性的数学教学方案，在培养学生自主学习能力方面也有着独特优势，不过这种教学模式给教师提出了很高的要求，需要教师对信息技术进行科学恰当的应用，并不断地提高自身的专业能力。

五、组织开展数学实践活动，锻炼学生自学能力

过去，很多初中生片面地认为数学学习是单纯意义上的理解和背诵，只要记住了公式定理和一些解题方法，就可以在数学学习与解题时畅通无阻。事实并非如此，数学学习当

中除了涉及一些理论和固定方法之外，同时还涉及大量通过实践方式获得的知识与技巧，这就需要通过实践操作的方式来锻炼学生的学习能力，让学生感受到自主操作的乐趣。所以，在锻炼学生自学能力时，教师需要对数学实践活动进行合理安排，考虑学生的兴趣爱好以及学习规律，加深学生对数学内容的理解。

例如，在教学直角三角形的三边关系时，如果教师直接告知结论，会让学生对其产生依赖心理，影响学生自学能力的培养。根据这样的情况，教师就可以组织小组合作操作学习活动，把学生分成几个学习小组，然后让各组成员在组内制作各种各样的直角三角形，用直尺测量出三角形三条边的长度，在此基础之上探究三条边的关系。这样的实践操作活动，既给学生提供了沟通表达的平台，还为学生的自主能力与实操能力锻炼提供了机会，可以获得理想的学习效果。

总而言之，学生自主学习能力的培养贯穿整个基础阶段的教学过程中，教师应当更新教学理念，创新课堂教学模式，发挥学生的教学主体地位，构建基于和谐师生关系的课堂教学氛围，有利于问题情境的营造，从而推动学生探究和思维的积极性，间接提升自主学习能力。

第七章　初中数学教学的实践应用创新

第一节　问题导向教学法在初中数学教学中的应用

进入初中学习阶段，每一个学科的学习水平都会对将来的发展产生极其重要的影响。初中数学作为基础学科之一，可以有效地提升学生的数字处理能力。素质教育理念提出之后，初中数学教师也都在不断创新教学方法，希望能提高学生的数学学习能力。现阶段的初中数学教师比较青睐的是问题导向法，在此基础上，本节从不同角度详细阐述了问题导向法在初中数学教学中的实际应用。

问题导向法是指教师在教学过程中，根据教学大纲、教学目标以及教学内容，科学设置每个课时，并且提出需要探讨的问题，学生在课堂上围绕教师提出的问题展开讨论、积极思考。实践研究证明，以问题为中心和导向，让学生学习数学的方法，不仅可以消除传统教学方式的弊端，同时还能真正提升学生的数学核心素养。

一、问题导向法在初中数学教学中的积极意义

（一）营造课堂氛围

在初中阶段数学的教学目标中明确提出了学生应当通过数学的学习，提升自己的数字应用能力和数字思维能力。首先，学生应当掌握解决数学问题的方法，知道每个数学概念以及公式之间的关系，提高学生空间思维想象能力，为将来理科的学习奠定良好的基础。由此可见，在初中数学教学中，教师首先应当将课堂变得丰富多彩，善于抛出问题引导学生思考，并且培养学生发现问题、解决问题的能力。在传统课堂中，教师是课堂的主体，学生只是被动地接受数学知识，很多时候都是通过做大量习题来检验自己的数学掌握能力。而新课改理念下，课堂的主体变成了学生，教师为学生营造了轻松愉悦的学习氛围，学生的学习效率和课堂效果也有了明显提高，课堂上学生的参与性和积极性也会变得更加高涨，最终学生也会激发自己的主观能动性去探索数学知识。

（二）提高学生能力

合理地使用问题导向法，能够提高学生应用数学的能力。问题导向法可以提高学生对问题的思考能力、分析能力和解答能力。在解答问题过程中学生的思维也会变得更加清晰，

也能有针对性地对问题进行概述。由此可见，问题导向法相较于传统的教学模式更容易激发学生的学习兴趣，对一些后进生来讲，如果能够用问题引导，不仅能够引导教师带着学生前进，同时还能让教师深刻了解学生的学习状态，帮助教师有针对性地制订提升计划。同时学生也会清楚地意识到自己的不足之处，进一步提升自己的学习能力。

二、初中数学教学中问题导向教学法的具体应用措施

（一）在课堂上为学生创建层次问题

要想问题导向法发挥作用，教师就要为学生设置科学的数学问题，这样才能真正激发学生的思考和探索。比如，一堂课快讲完的时候，教师可以通过问题的设置，帮助学生巩固和复习所学知识，然后教师对学生的学习状态就会心中有数，便于下一个课时的具体安排。在预习的过程中学生也会对内容有大概的了解，同时会标记出自己的学习困难。课堂上，教师针对学生提出的问题有针对性地进行讲解，这样一来课堂效率就会大大提高，问题创设也会变得更加有效。因此，教师创设的问题一定要服务于教学目的，然后问题要简明扼要，让学生清楚理解教学内容。

（二）通过问题导向法引导学生积极思考和探索数学知识

问题导向法对于提升学生的数学解题能力有着很重要的推动作用，教师在这一方法的引导下，教学效果会有很大提升，学生在思考上也会变得更加深入，学习起来难度也会降低。需要注意的是，数学教师在使用问题导向法时应当循序渐进，不能急于求成。比如，设置的问题应当考虑学生的接受能力和理解能力，同时也要考虑班级整体情况，难度不能太高，也不能太低。如果问题难度太高，很多学生就会出现退缩情绪，只等教师讲解。问题难度太低，有的学生就不会主动地去思考，难以提升兴趣。另外，在使用问题导向法时，教师也不能抛出问题之后完全不管，而是应当引导学生逐步地解决问题，找到问题之间的规律，这样才能体会数学的学习成就感。

（三）重视师生之间的互动

新课改理念下的课堂上，教师和学生之间是平等互助的关系，教师应当善于使用问题导向法提高师生之间的黏性，进而拓展学生的数学能力。比如在课堂上，教师在完成常规的教学内容之后，应当精心为学生设置典型的例题和习题，引导学生应用数学知识。学生在习题训练过程中能够很好地巩固自己的知识掌握能力。比如对一些公式、定理理解得更加深刻，应用得更加熟练，学生不仅学会了知识，还能对知识进行活学活用，加深理解。除此之外，一段时间之后，教师也应当和学生进行数学知识的交流和沟通，了解学生在学习过程中的困难，积极鼓励学生，并且根据学生的实际情况及时调整自己的教学方法，最终使教学效果变得更好。

总而言之，在初中数学教学中，科学地使用问题导向法不仅能够提高教学质量，还能

提高学生的学习自信心。因此，在课堂上，教师应当善于使用问题导向法，科学设置合理问题，并且结合具体的教学内容展开情景教学，最终提高学生的数学综合能力。

第二节　小组合作学习在初中数学教学中的应用

自课改实施以来，合作学习越来越受到人们的重视，并逐渐成为初中数学教学中一种重要的学习方式。它作为对传统教学组织形式的一种突破和补充，已经被教师越来越广泛地运用于课堂教学之中，促进了学生在教师指导下主动地、富有个性地学习。但中小学课堂教学中广泛使用的小组合作学习的现状，大多停留在形式上，缺乏有效性。本节从科学安排供学生进行合作学习的知识内容、选择恰当的合作学习时机、科学地定位教师角色、建立有效的评价机制等方面研究了在初中数学教学中怎样用好小组合作学习。

合作学习模式是利用群体的力量形成合力共同学习，从而达到有效提升学生个体素质的目的，是一种行之有效的学习模式。《数学课程标准》中指出：教师应激发学生的学习积极性，向学生提供充分从事数学活动的机会，帮助他们在自主探索和合作交流的过程中真正理解和掌握基本的数学知识与技能、数学思想和方法，获得丰富的数学活动经验。在课堂教学中，学生才是数学学习的主人，教师是数学学习的组织者、引导者与合作者。小组合作学习正是体现和贯彻课标理念，推动学生自主探索和合作交流学习，取得较高学习成绩的一条有效途径。

一、科学安排供学生进行合作学习的知识内容

初中数学教师组织的小组合作学习活动，要想达到教学目的，就需要初中教师根据学生的具体情况，为他们科学合理地安排小组的合作学习内容。具体来看，初中数学老师为学生安排的学习任务和内容，应该区别知识的难易程度，激发学生的学习兴趣，促进学生共同学习。

初中数学老师在安排学生进行合作学习的时候，必须保证所分配的问题具有一定的探讨意义，可以打开学生的思维局限，积极参与到小组讨论中，得到问题的答案，从而使学生学会合作，也对数学知识产生学习兴趣。另外，在初中数学教学中，不能因为追求合作学习的成功，而给学生安排一些比较简单的问题；否则，学生即使成功地解决了问题，也没有成就感，这就违背了让学生进行合作学习的初衷。

二、巧用小组合作，提升预习的有效性

例如，"图形的全等"这节课旨在引导学生通过实例理解图形全等的概念和特征，并能识别图形的全等。教师要在课前设计导学案，呈现清晰的学习目标、学习重难点、学习

过程和练习题目，让学生逐步展开自学。在小组合作模式下，每一个学生都要先展开自主学习，学生可以从判断对错入手来学习全等图形的基本特征。例如，等边三角形为全等三角形，关于这句话的正误，学生可以画一个边长为4厘米的等边三角形，画一个边长为3厘米的等边三角形，如此学生就能做出判断。当学生进行自主构建后，学生就要聚在一起，互相分享自己的学习思路，互相对照各自的练习题目。如果学生之间存在分歧，那么学生就要展开深刻的讨论，学生也可以将其反馈给教师，并在课堂上有针对性地展开学习活动。小组合作模式下的课前预习，使学生的自学能力和合作探究能力均能得到有效培养。

三、建立有效的评价机制

在合作学习中，必须要具备一个环节——评价环节。这个环节很容易被学生和老师忽视，但是这个环节却是非常重要的。因为只有通过评价，才可以使学生在合作学习中，真正感受到付出和努力的结果，才能更有成就感，才可以更好地鼓励学生积极参与到学习中，感受到合作的重要性。评价形式可以是小组互评，也可以是小组内部互评，以及最后老师的总结评价。当然，在评价以后，教师也需要进行指导、总结和归纳，从而为以后小组合作学习提供一些指导意见。合作学习作为系统的学习方式，必须具备相应的评价机制，只有这样才能更好地发挥合作学习的作用，突现合作学习的精神实质。建立合理的合作学习评价机制能够把学生个体间的竞争变为小组间的竞争，把个人计分改为小组计分，把小组总体成绩作为评价依据，形成一种组内成员合作、组间成员竞争的格局，把整个评价的重心由孤立的个人竞争达标转向大家合作达标。

四、巧用小组合作，帮助学生突破重难点

学习重难点就是学生不容易理解的知识点，就是学生需要花费较多时间和精力的知识点。在小组合作模式下，学生之间会相互影响，共同经历知识的探究过程。因此，教师可以引导学生以小组为单位，共同展开重难点的探究。例如"探索三角形全等的条件"这节课的重难点就是引导学生探究全等三角形的必要条件的个数和分类方法。判断三角形全等的方法有好多个，可以从两个三角形的三条边入手，即三边对应相等的两个三角形全等；也可以从两个三角形的两条边和一个对应角入手，即边角边……不仅仅是结论，学生还要经历三角形全等条件的判定过程。如：关于边边边的判定条件，学生可以准备三组相等的边(可以是木棍或者硬纸条)，然后学生分别将相等的边放到对应的位置，使之组成两个三角形，通过这两个三角形是否能够重合来做出总结。在实践探索中，学生可以进行明确的分工，有的负责准备木棍，有的负责摆成三角形，有的负责对比总结，从而使每一个小组的学生都能形成一定的数学探究能力。

综上所述，小组合作学习对初中数学教学来说，具有很大的帮助，也为数学教师提供了一种新的教学思路。在新课程标准下，初中数学的教学方法在不断改进，想要达到好的

教学效果，还需要初中数学教师根据学生自身情况，灵活运用合作学习的教学方式，提高教学质量。

第三节　导学互动模式在初中数学教学中的应用

在新课程标准不断深入改革的背景下，传统的教学模式也需要得到创新，只有这样才能源源不断地为数学教学注入新鲜的活力。本节将介绍一个创新的教学模式——导学互动，目的是激发学生对数学的学习兴趣，培养他们的数学能力，为他们以后的全面发展打下坚实的基础。教师需要在课堂教学的过程中发挥学生的主体能动性，让学生更加积极主动地参与课堂，进而提升学生的学习能力和学习思维。如何在课堂上有效地应用导学互动教学模式，本节就此提出了一些可参考的建议。

对于身心、智力尚未发展成熟的初中生来说，数学是一门既枯燥无趣又难以理解掌握的学科。抽象的概念还有思维难题都是初中生难以对数学学习产生兴趣的原因。如何改变上述状况，让学生不再对数学产生厌烦心理，是广大初中数学教师所要关注的问题。而导学互动作为一种创新的教学模式，不仅能够激发学生学习数学的兴趣，而且能培养他们的逻辑思维以及良好的知识基础，对提升课堂的教学质量和教学效果也有很大的促进作用。本节将讲述如何在课堂上有效应用导学互动教学模式。

一、导学互动模式的内涵与特征

（一）导学互动模式的内涵

导学互动模式实际上是导学模式和互动探究模式两者的有机结合。教师在教学过程中不再是一个知识传授者，而是引导者，通过引导促进学生自主学习，通过师生之间、生生之间的有效互动来引导学生的思路，提高学习效果。教师应用导学互动模式展开教学时要经过以下几个环节：其一，自学导纲，指教师提前编写导学提纲，内容包括主要的知识点、如何学习以及一些引导性的问题等，将其交给学生，要求学生自主预习，了解学习内容；其二，合作学习，教师组织学生就第一个环节中发现的问题开展小组讨论和班级交流，通过师生之间和生生之间的有效互动共同探索和解决问题；其三，导学归纳，教师先根据学生的讨论及探究结果概括本节课的知识点，再鼓励学生总结本节课的收获，反思课上不足，总结数学规律等；其四，反馈训练，教师根据学生的学习情况为其布置练习题目，巩固学习效果，以获得教学反馈信息。

（二）导学互动模式的特征

该模式的特征主要有以下几点：其一，在导学互动模式下，一堂课具有较强的完整性，而不是单纯地串联起零散的教学活动，教师要引导学生学习知识，让学生在探索活动中吸收和消化知识，最后再检查学生的知识掌握程度，了解其学习效果；其二，在导学互动模式下，导学提纲就像一节课的主要线索，课堂活动的进行不能脱离导学提纲，教师要利用其把握和控制教学节奏，调节课堂气氛，维持课堂秩序，从而有效地引导学生的思路，培养其自主学习能力与探究能力；其三，在导学互动模式下，教师是课堂教学的引导者，学生是学习的主导者，课堂教学主要以师生互动、生生交流的形式进行。

二、导学互动模式在初中数学教学中的应用价值

（一）促进教师的专业发展

运用导学互动模式进行初中数学教学时，虽然教师不再是课堂教学的主导者，但是对教师提出的要求并未降低，甚至还有所提高。因为许多教师，特别是年龄较大、资历较深的老教师，已经习惯了用传统模式授课，想要转变教学模式，就要先转变教学观念，另外，还要适应角色转变，不能再利用教师的权威和气场来压制学生，强迫其吸收知识，而要处于平等的位置和学生交流，具备引导其学习、探索的能力以及把控课堂气氛、管理课堂秩序等多方面的综合能力。所以，应用该模式教学需要教师不断努力，总结实践经验，完善课前准备工作，提升自身能力，从而获得专业发展。

（二）提升学生的核心素养

在初中数学教学中运用导学互动模式除了能培养学生的自学能力，还可以通过有效的师生互动和生生互动让学生体验合作学习的过程，培养其团队意识与合作能力，让学生享受探索的乐趣，收获成功的喜悦，从而增强班级的凝聚力。这种教学模式可以让学生养成良好的学习习惯，学生经过独立思考、合作分析和共同探究的过程突破教学的重点和难点内容，提升自身的知识运用能力和问题解决能力，提升数学核心素养，为今后的学习和发展奠定基础。

要判断一堂课是否上得成功，一个重要指标就是学生是否积极、主动、充分地发挥学习自主性以及自身潜能。在导学互动模式下，教师将学习的主动权交给了学生，要求其根据导学提纲预习教材中的知识点，解决教师给出的问题，这一环节能锻炼学生的独立学习和思考能力。在课堂教学中，学生要在教师的组织下开展小组讨论，与其他成员交流预习过程中遇到的问题，并通过合作学习和分析、探究、解决问题，有效发挥自身的学习主动性，大大提升自主学习能力。

高效教学是所有教育工作者在教学中所追求的一个主要目标，但这里的"高效"并不代表一味追求效率。如果教师只是将知识灌输给学生，虽然节约了课堂时间，但是学生没有吸收消化知识，能力也没有得到锻炼，这样并不会真正提高教学效率。教师运用导学互动模式可以让学生先自主学习，熟悉和了解教材中的知识点，然后再和学生共同分析、研究和解决一些难度较大的问题，能有效地培养学生的自学能力、思维能力和探究能力，是构建初中数学高效课堂的一个有效途径。

三、导学互动模式在初中数学教学中的应用策略

（一）在初中数学课前预习应用导学互动教学模式

课前预习是初中数学教学中一个重要的环节，但是有些学生不会预习，常常会出现预习没有效果，反而还会出现觉得数学学习起来很难的现象。为了充分利用课前预习的学习效果，教师可以采用导学互动教学模式，将学生所要预习的内容的重点知识总结并提炼形成一个知识链，让学生根据知识链有目的、有方向地进行预习，并在预习的过程中记录自己不太理解或者掌握不了的知识点，然后再在课堂上着重听讲，可以大大提高学习效率。就好比给一支没有指挥、没有纪律、没有行动目标的队伍安排了一位领导者一样，学生有了知识链，预习就会相对容易一些，学起知识来也不会觉得太难。

例如，在教学"相交线与平行线"这节内容之前，教师了解到相交线与平行线的概念和特点是重点知识，顶角、同位角、内错角等相关概念也是需要学生学习的。因此，教师可以将上述知识点联系起来，让学生在课前依据知识链按照教学要求先自行预习，并熟悉相交线与平行线的各项定理；另外，教师还需要让学生整理自己不熟或不理解的知识，并及时反馈给教师，这样不但能让学生在课堂上带着明确目的听课，还能让教师在上课的时候有针对性地对这些内容进行重点讲解。除此之外，教师还可以在知识链之间设计一些问题，作为引导学生自学的线索，比如，一个角和它的对顶角的大小有什么关系？任意两条相交的直线组成的几个角两两相配，一共可以组成几对？每一对角有什么样的位置关系？根据其位置关系可以如何分类？等等，让学生一边预习教学内容，一边思考问题，在看到问题后先试着不看教材自己解答，检查自己的预习效果，如果感到较为困难，可以参考教材及知识链中列出的概念、定理等知识点，再次尝试解答，了解自己的知识掌握程度以及薄弱环节；另外，教师可以从互联网中搜集教学资源，并将教学的重点内容，即邻补角、对顶角的概念，对顶角的性质和应用制作成微课视频，在课前发布到网络平台上，让学生辅助预习。这样学生可以根据自己的数学基础和学习能力把握学习节奏，如果一次看不懂就运用慢放、重复功能再次观看，直到自己完全掌握这部分知识。而对于难点内容，教师可以留一个悬念，在知识链或微课的最后给出问题："你能试着推导和证明对顶角的性质吗？"激发学生的好奇心与求知欲，为课堂教学打好牢固基础。

（二）在初中数学课堂教学中应用导学互动教学模式

为了充分发挥学生的主体性，教师应该活跃课堂氛围，鼓励学生主动参与课堂活动，使导学互动的互动性特征在数学课堂的教学中得以体现。初中数学教师可以将全班学生分成几个小组，要注意把班级内数学成绩好的学生和数学成绩不太好的学生平均分配，尽可能地缩小组与组之间的水平差异。教师先让学生自学，再让他们在各自的小组内讨论并共同解决自学过程中遇到的问题和疑难点。如果小组内仍然存在解决不了的问题，再让每个小组派出代表介绍讨论和解决情况，同时总结出遇到的解决不了的难点。最后由教师汇总

问题，进行有针对性的教学，保证不同层次的学生都能够有效学习并掌握教学内容。

比如，在讲解"相交线与平行线"时，因为学生通过预习已经掌握了基本的概念，所以教师要将课堂时间留给学生，而自己则充当课堂活动的组织者和引导者。为了增强课堂互动，教师先以提问的形式了解学生的学习成果，引导其回忆预习的内容。接着，教师组织学生针对课前反馈的不理解的知识进行讨论。若有的学生没有完成教师课前布置的问题和任务，不清楚两条直线相交组成的角应当如何分类，则教师让大家在小组中发表自己的见解，集思广益、互相补充，共同解决问题。最后，教师引出教学难点，即如何推导和证明对顶角的性质，询问学生预习时是否产生了思路，大部分学生认为没有已知条件，不知从何入手。教师利用多媒体设备展示图形，让学生认真观察相邻的两个角组成了什么，学生回答组成了平角。教师的提示点到即止，让学生继续进行小组讨论，最后大家根据"同角的补角相等"得出了"对顶角相等"的结论，成功证明了对顶角的性质。又如，在学习"直线与圆的关系"这节内容的时候，每个小组几乎都存在的自学难点是有关直线与圆的代数处理，教师要善于总结学生普遍出现问题的原因：学生还未熟悉数形结合的数学思想。为了培养学生的数学思维能力，使他们顺利掌握直线与圆的关系，数学教师可以在课堂教学的过程中引入数形结合的数学思想，将坐标系作为数形结合数学思想的基础，通过讲解让学生充分了解 $(x-a)^2+(y-b)^2=r^2$ 这一圆的标准方程在坐标系中的体现，进而引导学生形成数形结合、数图转换的数学思想，帮助他们培养数学思维。

（三）在初中数学课后练习中应用导学互动教学模式

学生在经过课前预习、小组合作解决问题并在课堂中认真听讲之后，应该已经大致掌握所要学习的内容了，但是学生还需要熟练运用所学知识来解决数学问题。为了巩固学生的数学知识，锻炼他们学以致用的能力，教师还可以准备一些课后练习题，帮助学生稳步提升能力。除此之外，教师还应该充分地考虑实际的教学情况和学生的实际学习情况，并以此为依据，合理安排课后训练，对不同层次的学生安排不同难度的作业，可以在很大程度上提升学生的学习效率。

例如，在教学有关函数的知识后，教师可以布置如下练习题：一辆汽车的油箱中有50升汽油，为了长途行驶，主人给汽车加了 x 升汽油，汽车一共行驶了 y 公里，汽车的耗油量约为 0.5 升每公里，请写出 x、y 之间的函数关系，并确定 y 的取值范围。这道题是比较基础的函数应用类题目，学生通过找到题目中的数量关系：行驶公里数、每公里耗油量、总的耗油量，可以导出 $y=2x+100$。该题目难度不大，适合大部分学生，即使是学困生经过努力思考也能解答，能巩固学生的学习效果。除此之外，教师还需要增添一个选做题：如果汽车还需行驶 120 公里，不加油可以到达目的地吗？如果不可以，还需要加多少油？这个选做题属于拓展类题目，可以锻炼有能力的学生，因为对于优等生而言基础题型是没有挑战性的，如果只接触基础题型那么不但会导致其产生思维惰性，还可能打击学生的学习兴趣和学习动机，所以教师要尊重学生的差异性，让作业布置更加科学、合理，从而实现有针对性的分层教学的目的。在做这道拓展题时，学生要先判断如果汽车要行驶120公里，剩余的油量是否足够。这一问其实可以直接将数带入基础题中列出的函数式中，即当y=120时，求出x=10，由于x>0，所以不加油是无法到达目的地的，而第二问中的还需要加多少油就是x的值，即至少还需要加10升油。

综上所述，培养学生的思维能力，提高他们的学习能力，帮助他们树立良好的学习习惯是每个教师的责任。导学互动作为一种创新并且有效的教学模式，对激发学生的学习兴趣，提高学生的主动积极性，锻炼他们的思维能力，还有他们以后的成长和发展都有重要的促进作用。因此，教师在教学中要勇于创新，不断总结实践经验，通过在课前预习、课堂教学和课后练习中应用导学互动模式提高教学效率与教学质量，提升自身专业素质，最终实现与学生的共同进步。

第四节　信息技术在初中数学教学中的应用

随着新课改的陆续推进和网络信息技术的迅猛发展，信息技术教学逐渐走进了校园，被越来越广泛地运用于教学过程中，初中数学也不例外。信息技术教学是一种新型的教学方式，能够实现与数学课程的有效整合，克服传统教学模式的弊端，能够充分调动学生主动性和积极性，提高课堂教学的效率和质量。

传统的"灌输式"的教学模式随着课程改革的深入和现代教育教学的不断发展，已经无法满足现代学生的个性化学习需求，初中数学必须进行创新和改革以提高教学质量。信息技术是一种新型的教学辅助手段，能够突破时空限制，优化教学模式，从而更有效地提高课堂教学的效率和质量。笔者根据教学实践经验，从以下几个方面谈一谈如何实现信息技术在初中数学教学中的实践和运用：

一、运用多媒体教学，激发学生学习兴趣

随着信息技术和互联网的迅猛发展，多媒体技术设备作为一种新型的辅助教学工具逐渐走进校园，走入课堂。多媒体辅助教学能够很好地将复杂、抽象的数学知识转化为具体、形象的知识，激发学生学习兴趣，帮助学生更好地理解。因此，初中数学教师在教学过程中要充分地利用多媒体教学设备，将抽象的数学知识点以图片、视频、音频等方式直观而立体地呈现给学生，充分地激发学生的学习兴趣，让学生在视觉和听觉的冲击下形成对数学知识形象的认知。

例如，在进行"对称轴"教学时，为了让学生更直观地识别简单的轴对称图形，激发学生的学习兴趣，笔者采用了多媒体进行辅助教学。首先，笔者给学生介绍了对称图形的性质以及特点，待学生对对称图形有所了解后，向学生展示了几组图形，如五角星、正方形、

长方形、圆等图形，并让学生判断这几组图形是否为对称图形，学生在观察中根据对称性发现这些图形都具有对称性。这样，在初中数学教学中，笔者通过多媒体辅助教学，激发了学生学习兴趣，增强了学生的直观认知。

二、应用信息技术教学，降低学生学习难度

小学数学侧重于为学生打下数学的基础，知识偏向于具象，但初中数学则侧重于培养学生的数学能力，它的知识更偏向于抽象。而初中生的抽象思维还没有完全形成，具象思维仍在发挥主要作用。因此，教师要做的就是化抽象为具象，从而突破数学知识的抽象性，便于学生更好地理解知识。而信息技术就能够将数学课本中静态的推理证明过程动态化，将知识形象、直观地呈现在学生面前，如此不仅可以让学生轻而易举地接受抽象的数学知识，同时还能够引导学生用发展的眼光看待问题。

例如，在进行"圆"的教学时，要让学生对圆中各种角的相关知识有所了解。笔者就利用信息技术制作了随意变换圆中角的顶点以及角的边的动画视频，将抽象的知识具象化，并通过多媒体直观全面地展示给学生，让他们能够从运动的角度理解圆心角、圆周角的相关知识。此时，学生学习的效率明显有了提高。这也表明将信息技术融入初中数学教学课堂是一项成功的措施，教师应该贯彻落实。

三、灵活运用微课，助力学生深入理解

微课的特点是简单高效、化繁为简、生动有趣，视频中大量使用了图片、音乐、故事等素材，能有效地刺激学生右脑，让学习视觉化。课程中去除了简单的说教，还借鉴了各种刺激元素，让课程趣味十足，富有视觉黏性。对初中生来说，不同学生的学习基础及能力都各不相同，数学知识又相对抽象，教师往往要花费大量的时间为学生讲述概念性知识，学生对于这些知识难以理解和消化，那么学生的学习质量就不理想。教师可以通过制作微课，将数学中的概念转化为通俗易通的语言，便于学生对概念的学习及巩固。

例如，在进行"多边形的内角和"这一节的课堂教学时，多边形内角和公式的推导对学生而言就是一个难点。笔者如果直接进行公式概念的讲解，学生可能无法准确地理解多边形与三角形的转化关系。这时，笔者就制作了一节微课，微课的内容记录了将多个三角形组成一个多边形以及将该多边形分解成多个三角形的整个过程。学生通过观看，可以直观、形象地了解多边形与三角形之间的转化关系。此时，笔者根据三角形的内角和向学生进行多边形内角和公式的推算与讲解也就毫无难度可言，学生也能够对该公式有更深刻的理解与记忆，运用起来也毫无压力。

总而言之，在信息化和数字化的时代大背景下，传统的教学模式受到了极大的冲击，信息技术助力教学已经成为教育改革的主流。数学教学作为初中教学的重要组成部分，教师应该紧跟时代发展的步伐，将信息技术运用在课堂教学工作的各个环节，使之成为教师

教学的好帮手，也使学生能够更加深入地理解所学的数学知识，从而为以后的学习和发展创造出更加广阔的空间。

第五节　微课视频在初中数学教学中的应用

微课教学是新近流行的信息化教学手段之一，它具有简短、灵活度高、针对性强等优点，同时它的应用方式也丰富多样，可以有效地优化各个学科的教学。故而，笔者对微课视频在初中数学教学中的应用展开了一番思考和研究。

在初中数学的教学整体过程之中，预习环节、重点知识的讲解以及课后练习反馈是核心要素，依托微课视频优化数学教学也可以从这三个方面入手。教师可以通过认真搜集微课程资源，甄选微课视频的内容和形式，在不同的教学情景之中设置不同的微课视频，助力教学环节的完善，同时将微课视频物尽其用。笔者认为，微课视频优化数学教学的应用具体可以参考如下三种方式：

一、辅助预习，奠定听课基础

预习是教学流程中的奠基环节，良好的预习不仅可以锻炼学生的自主学习和思考能力，还为课堂听讲奠定了基础，促使学生带着问题来听课，同时有了预先学习的基础，学生在课堂上对新知识的接受和理解就会变得更加容易。因此，教师可以借助微课辅助学生预习。

笔者多年来坚持给学生布置预习的作业，目的是帮助学生养成预习的习惯，进而使课堂教学省时省力。比如，在对"旋转"部分内容进行教学之前，笔者给学生传送了本课的微课视频。视频先列出了本课的学习目标——通过实例认识平面图形关于旋转中心的旋转以及探索旋转的基本性质。其后，视频展示了转动的风车、运转的时钟以及旋转的陀螺，引入"旋转"这一概念，同时引导学生对几组案例的运动进行比较，根据共同特征初步感知了"旋转"的内涵，也由此带领学生一起总结了旋转、旋转中心以及旋转角的概念。最后，视频展示了一个例题，一个三角形按逆时针方向绕某点旋转一定度数得到另一个三角形，问其中两个角是否相等，由此展开学生对旋转性质的探究。这样的微课视频，提炼出了新课的框架和内容，通过视频的方式呈现，更具吸引力，能够强效辅助预习，为课堂教学奠定基础。

二、分解重点，细化教学内容

初中数学知识重难点较多，同时教学内容难度加大，逻辑性更强，这些特点都容易给学生造成学习和理解的障碍，教师要格外重视对教学重点的分解。据此，教师可以依托微课视频来分解教学重点，以此细化教学的内容。

比如，在教学"多项式的因式分解"这部分内容时，教学的重点是理解因式分解的意义并识别因式分解与多项式乘法的关系。于是，在对这部分内容进行教学时，笔者播放了备课时找好的微课视频。视频通过对 ma+mb+mc=m(a+b+c) 这一公式的手写推导录像的展示，带领学生领略了因式分解的过程，同时配合详细的讲解，促使学生找到了因式分解的方法。之后，微课视频对这一公式进行正反双向的推导，两次推导过程的演示，让学生发现了两者存在的区别和联系，于是微课视频引导学生探索到了因式分解和整式乘法的关系，得出了因式分解与多项式乘法是相反方向的变形这一结论。这样的微课视频，通过实景录像，将因式分解的公式直观地呈现在学生面前，通过手写因式分解公式的推导过程，相当于对学生进行了手把手教学，细化了教学内容，加深了学生对重点知识的理解。以微课视频分解教学重点，让课堂教学事半功倍。

三、充当作业，便捷学习活动

教师常常将微课视频作为课件或者预习的辅助工具，但其实微课视频也可以作为作业传送给学生，即教师将想要考查的内容录制成一个视频，学生通过播放视频就可以简便地接触作业。由此，教师可以以微课视频作为作业，布置给学生来方便学习活动。

比如，在完成了"三角形的中位线"这部分内容的教学后，笔者传送给了学生一个微课视频，将其作为课后作业，学生可以在微课视频的带领下完成课后任务。视频先命令学生写出平行四边形的判定方法，然后鼓励学生写出做三角形中线的方法，之后引导学生回顾中位线的画法，最后通过一道证明题考查学生对中位线性质的判断。学生可以将题目抄下来再进行解答，微课视频也可以随时暂停等待学生解答。在视频的最后，播放了题目的答案以供学生核对。详细的做题过程展示，使学生可以明白题目的解答过程。以微课视频充当作业的形式，不仅可以带领学生回顾课堂内容，还可以当即消除学生的疑问，促使学生的学习活动更加便捷，新奇的形式激发了学生做作业的热情，使做作业不再是教学的"难事"，值得教师们尝试。

总而言之，微课视频优化教学的应用方式有很多种，对于初中数学来说，微课视频首先可以辅助学生提升预习环节的效率，为他们奠定听课的基础；其次，微课视频可以在课堂教学中帮助师生分解教学的重点内容，细化课堂的重要知识；最后，微课视频还可以充当作业的素材，促使学习活动便捷化。以上是笔者关于微课视频优化初中数学教学的应用方式所做的一点探究，希望能为初中数学教学带来更多、更好的思路，促进教师开掘微课视频的更多价值。

第六节　创设情景教学在初中数学教学中的应用

在初中的数学教学中，教师需要具备一定的教学方式和方法，好的数学教学方法不仅能提高学生的数学成绩，更重要的是能激发学生学习数学的主观能动性和学习兴趣。而情景教学法在数学教学活动中更是能发挥它的优势，能使学生在实际的生活中去感悟数学知识，再将知识转化到生活当中，这一方法符合新课程标准提出的要求，在数学教学中情景教学就显得至关重要。本节就结合自己的教学经历探讨情景教学在初中数学教学中的应用。

在初中数学的教学活动当中，情景的创设可以采用丰富多彩的方法，但是数学教师一定要从学生的实际情况出发，结合学生的认知水平和所处的环境（农村或城市）创设出行之有效的教学情景，让数学课堂更加精彩。

一、创设情景教学在初中数学教学中的功能

（一）有利于学生的思维发散能力的培养

在初中的几何教学中，学生必须在大脑当中建立一个三维立体的思维空间，并且要把自己的思维充分发散。在这个时间，数学课堂上教师的情景教学就能轻易地达到这个效果。例如，在讲授"平行线"的课堂上，教师可以就教室内外所能看到的一些几何事物，如黑板的两对边、书本的两对边等，或让学生列举生活中的一些事例，这样的情景创设能让学生从书本中生硬的概念中转移到生活当中，这样学生在脑海中就形成了一个立体的思维模型，当学生在脑海中有具体的模型时，学生此时思维就得到了有效的发散。

（二）有利于课堂效率的提高

数学知识存在很多性质定理和公式，与其他文科类的科目有所不同，相比其他科目，数学较枯燥些，在课堂上，如果教师不采取有效的教学手段，学生容易对数学科目产生厌倦的情绪。因此，创设情景教学就非常必要。创设情景一方面在新课标的要求下，数学要贴近生活，要能应用到生活之中；另一方面创设情景可以让学生在学习数学的过程中更直观地与实际生活联系在一起，增加师生之间的交流，活跃课堂的气氛，从而大大地提高课堂的效率。

二、情景教学在初中数学教学中的应用

（一）创设贴近实际的情景教学

初中的数学学习大部分内容都与生活有关联，并且这些数学内容都将应用于生活之中。

所以在初中的数学教学过程之中，创设贴近实际生活的情景是必不可少的。例如，在讲解四边形的不稳性的时候，教师可以联系生活当中很多生活用品来进行情景教学，像学校的伸缩门、家里的晾衣架等，都是四边形不稳定性的实例。这些生活中的例子都是学生能直观了解到的，它们与所学的知识联系起来，这样就增加了学生的学习兴趣，使生硬的性质与生活相互联系起来，更能让学生把所学的知识应用到生活当中。

（二）创设引经据典的情景教学

数学学科的性质定理公式，往往使学生望而生畏，大部分学生都会认为数学是枯燥乏味的，在这样的情况下，教师就要在数学课堂中提高学生的学习兴趣，从而把枯燥的数学课堂变得更生动些，教师可以在教条的数学知识点往外延伸，讲述一些课本以外的典故。利用这些典故来吸引学生，通过这些典故来增加他们的注意力。例如，在进行勾股定理的时候，可以讲中国最早的一部数学著作——《周髀算经》的开头里记载着一段周公向商高请教数学知识的对话。以此来提高学生的上课兴趣，同时还可以激发学生的爱国热情。

（三）创设高谈阔论的情景教学

初中生活力四射，充满求知欲，对新生事物充满好奇，对自己感兴趣的事物有很强的钻研欲望。教师可以根据学生的这一心理特点，在教学活动中创设一些讨论性比较强的情景，教师可以将全班学生分成若干个小组，后各组代表发言。这样能激起学生争强好胜的心理，促进他们积极参与到教学活动中来，培养竞争意识。

例如，教师在讲解勾股定理时，教师就可以利用教学里的一些特定的物体来进行情景教学，黑板的对角线的长度是多少，桌面的对角线的长度是多少，窗户玻璃的对角线的长度是多少，通过将一系列的问题抛给学生，让他们在讨论中得出一些结论。在这个过程中，学生能发现自己的不足，也能全员参与其中，参与的过程中，让学生感受到成功的喜悦。

（四）创设一目了然的情景教学

信息技术的应用，使数学教学活动过程中很多真实的场景、图片、数据、视频等直观地呈现给学生，这样对增加学生的上课兴趣，起到了很好的作用。如在讲解二次函数的平移的课题时，教师可以直接通过 PPT 课件的动画效果演示抛物线的上下左右平移，让学生直观地构建数形结合的思想，这样不但让学生的注意力得以集中，更能让学生更好地理解知识点。

总之，情景教学在初中数学教学中要注重实际性、趣味性、开放性。培养学生的发散性思维能力，能更好地将所学的数学知识应用到实际生活中去。因此，情景教学的创设要与学生认知水平和心理特点相结合，突出教学本质。

第七节 数形结合思想在初中数学教学中的应用

初中数学的重点教学内容主要是围绕着数与形及其两者之间的关系进行的，数学课程中的数与形，既可被教师作为独立讲解的知识点，也可以将两者融合，从而实施综合运用，此为广义上的数形结合思想。本节将对数形结合思想在初中数学教学中的应用进行论述。

在数形结合的思想中，通过将两者进行合理融合，从而达到最优的教学效果，这对于研究有效的数学教学方法具有十分重要的影响。利用数形结合思想解决数学问题，即在具体分析问题中所具有的各种数、量之间关系的同时，通过探究其所具有的几何意义，再将相应的数量关系融入几何图形之内，达到将数学难题简化，便于学生解答的目的。

一、如何将数形结合思想应用于初中数学教学中

首先，教师在数学教学课堂中，应有目的地应用数形结合思想，并将之合理地融入教学内容中，有助于学生熟练掌握利用数形结合解决相关问题的解题要领。其中应注意的是：应着重使学生正确认知到，具体可以在哪些情况下使用数形结合，避免其由于使用时机不当，偏离正确的解题思路，从而提高答题的错误率。与此同时，数形结合的思想可将抽象的数量关系以及具体的图像进行融合，从而将相关的数量关系直接呈现于学生眼前，例如，在进行单项式、多项式相关的运算时，就可以通过利用数形结合思想，使得问题表达具体化。

其次，教师应教导学生如何有效利用数形结合思想来加深对数学理论知识的记忆印象，相关数据显示，通过应用数形结合思想，理解以及记忆相关概念、理论的学生，要比一般使用传统方式进行记忆的学生的记忆效果更好且更加长久，甚至不会遗忘。

二、将数形结合思想应用于初中数学教学中的具体表现

就我国目前初中数学教育现状而言，多数学生对数学的印象为乏味无聊、难以理解，这直接导致学生根本提不起学习数学的兴致，缺乏课堂积极性，更有甚者，已经开始厌倦数学，无法正常地进行相关学习。因此，教师应适度地改良自身教育手段，即通过合理运用数学结合思想，并配以多种有效的方式手段，以达到改良学生对数学的印象，增加其学习兴趣，甚至爱上数学的目的。

在初中数学教学课堂中合理利用数形结合相关手段，可以将数学课本内容中死板、烦琐的题目以及复杂的数量关系以几何图像的形式，直观地呈现在学生眼前，激发其研究兴趣，降低问题难度，也可以将其中较为抽象的数量关系具体地表达出来，让学生在解答问题时有据可依。

可使学生更好地明晰数学概念。数学课本中所包含的概念,是对数学理论以及各种知识点的总结以及概述。是否可以明晰相关的数学概念,一定程度上决定了学生所进行的数学基础性学习的质量。数学概念,即将相关知识以最简洁的文字形式表达出来,不包含相应的解题思路以及思想过程,具有抽象性特点。从学生的角度而言,由于数学课程学习内容中以概念记忆为主,同时,学生又基于相关概念的抽象性特征,无法直观、深入地理解概念含义。因此,没办法进行高质量的数学学习,会觉得数学是一门难度大且非常无聊的课程。基于这种情况下的数学教学课堂,教师便可以通过将相关概念以数形结合的方式表现出来,帮助学生理解其深意,从而有助于其更好地解答相关问题。

可使学生的思维形象化。让学生直接接触相关物体,并引导其通过合理的方式将其形象化表达出来,我们将学生在上述过程中所进行的思考,称为形象思维。而通过将数形结合思想有机融合进数学教学课堂之中,有助于培养学生良好的形象思维。其中,形象思维是基于多种直观感受的积累以及存储生成的思维方式,而数形结合则可以让学生通过几何图形为其带来的视觉刺激,丰富其感知,从而有助于学生拥有一个良好的形象思维过程。在初中数学的课本内容中,对多数概念以及理论的理解,都需要适时构造出相应的几何图像,而其中的诸多数量问题,也需要合理描绘出相关的几何图像,以达到将问题简化,有助于学生作答的目的。

例如,在研究二次函数相关问题时,其题目为:假设二次函数n的顶点(1,2)以及某其他点(3,10),请计算出n的表达公式。经过学生思考得出:设n=a(x−1)x+2,再将(3,10)代入其中,从而得出n=2(x−1)x+2。在上述解题过程中,教师就可以引导学生运用形象思维。首先,引导学生从多个方面思考这道问题:第一,设n>0,则可以优先绘出n=axx的图像,并通过将之向右平移n个单位,从而获得;第二,设n<0,k>0,则可将n=axx图像中的抛物线,向右平移n个单位以后,再上移k个单位,从而得出n=a(x−n)x+k的相应图像。

可有效提升学生解题能力。学生在学校进行相关的数学学习,主要是为了良好地解答相关的问题,从而有效提升其课业成绩,因此,教师应在引导学生深入记忆数学基础知识的同时,着重提升学生的解题能力。而想要使学生拥有优良的解题能力,则教师是否可以通过合理的引导使学生掌握多种正确的思考方式,就显得至关重要。通过运用数形结合的方式,就可以帮助学生生成固定的解题思路,学会合理利用图像简化数学难题,有助于其良好地把握相关问题的解题重点,从而有助于提升其数学学习效率。

数形结合思想现如今已经在我国各初中院校的数学教学课堂中被广泛地使用,并且教师以及学生的收益效果较好。由此可见,数形结合就数学教学而言,具有重要意义。这就要求数学教师在课堂中,着重注意利用数形结合思想进行教学时所使用方式以及时机的合理性,避免学生盲目地使用相关手段,对其相关的数学学习产生不良影响,与此同时,也应重视学生数学兴趣的培养,从而提高学生主观学习性,有助于其进行更优质的数学学习。

第八节　建构主义学习理论在初中数学教学中的应用

　　一直以来，我国都把教育事业摆在首要位置。近几年，更是进行了多次教育改革。然而，随着时代的不断进步发展，传统的教育模式已经远远不能满足现代的教学要求，无论是教学思想还是教学手段，一直处于落后地位。所以，寻找更有效的教学模式成为每个教育工作者的新任务。建构主义学习理论作为一种新时代的产物，其在现代的教学模式中发挥着重要作用。本节就从其基本理论内容出发，并以初中数学教学为例，深度探讨了建构主义学习理论在初中数学教学中的具体应用，为促进我国教育事业的发展提供有效建议。

　　新时期，我国的教育内容不断丰富，教育思想也发生了很大的改变。在众多核心思想内容中，建构主义学习理论逐渐占据主导地位。它与新时期的要求具有高度的适应性，初中是学生学习阶段中的一个重要转折期，学生的思想才刚刚成熟，所以，做好该阶段的教学工作对整个教育过程具有重要意义。将建构主义学习理论充分地应用到初中数学教学过程中，既是一种社会趋势，更是一种全新的教学挑战。

一、建构主义学习理论的内容

　　在新课改的要求下，建构主义学习理论是一门重要的理论基础。它隶属于认知学习理论的范畴。在该理论中，传统的教学模式被打破，学生实现了从"要我学"到"我要学"的转变。并且通过建构的学习方法为学生营造了良好的学习环境，有效地调动了学生学习的积极性。此外，在该理论中，重点强调了学生的"自由性"。与传统的教学理论相比，它会给予学生更多的思考空间，不仅使学生的思维能力得以发展，而且使学生的想象力更丰富。在该理论中，重点包括四大内容，其中协作式学习模式是基础，情景式模式是补充，会话式模式是重点，而意义构建是升华。基于该理论，教师与学生的作用被放置于同等位置，两者共同发挥主体作用。学生自主学习的机会大大提高，老师的角色逐渐由传授者变为引导者。加上教学过程中必要的情境设定，使得学生的综合素质得到大幅度提高。

二、建构主义学习理论在初中数学教学中的应用模式

（一）确立学生的主导地位

　　在以往的初中数学课堂教学中，大多呈现"老师教，学生学"这样一种古板的方式，严重禁锢了学生的数学思想，忽略了"学生"在课堂中的重要作用。而建构主义学习理论勇于打破常规，其在具体应用时首先就确定了学生的主导地位，加大了对学生个人能力的重

视程度。在具体教学中，老师不再是单纯地进行教学，与学生之间的互动量大大增加，极大地活跃了课堂气氛，提高了学生对数学学习的积极性。学生会自觉地参与到课堂中，并养成独立思考的好习惯。例如，在解答数学难题时，以往都是采取老师一个人在课堂上边讲边解的方式。基于这一理论，老师首先会对学生进行分组，引导学生相互之间进行讨论，从而共同解出数学难题，充分地发挥了学生在课堂上的主导作用，提高了学生的团结合作能力，增进了学生之间的情感。在提高学生数学能力的同时，也提高了学生的综合素质。

（二）完善知识的发生过程

对于初中数学来说，其知识体系是相对复杂的。既包括表面的数学知识，又包括更深层次的知识内涵。建构主义学习理论，将其发生过程的各个环节都纳入教学中，使学生在学习时不仅"知其然"，还"知其所以然"。既学到了基本知识，又会解决更深内涵的实际问题。通过这一理论，教师的教学内容更加丰富，不仅讲解的内容更加广泛新颖，而且课堂变得更加活跃，为整个教学工作注入新鲜血液。此外，学生的自主探究能力也得到了大幅度提高。在该理论下，教育工作者逐渐加强了对知识的发生过程的研究，对于整个知识的框架结构也了解得更透彻，能够加快教学工作的进度。

（三）营造良好的教学气氛

教学氛围对于整个教学过程来说也有不容忽视的作用。良好的教学氛围无疑会促进整个教学工作的开展。在新理论开展下，教育工作者对于教学氛围的重视程度越来越高，并在其基础上，对教师提出了更高的教学要求。在具体的实践教学中，老师应确保教学内容与教学手段的一致性，从而确保教学资源的最大化利用。在课堂教学中，要营造良好的课堂气氛，摒弃传统的教学模式，对于某一数学内容，可以采用与学生共同探讨的方式进行教学，从而改变传统的枯燥的教学方法，为学生奠定坚实的学习基础。在课外，要学会与学生打成一片，积极参与到学生群体中，及时地了解每位学生在数学知识或日常生活中的需求，与学生形成"亦师亦友"的良好关系，从而为教学工作的开展奠定良好的基础，并最终实现优化教学效果的目的。

（四）建立科学的教学情境

由建构主义学习理论可以得出，良好的教学情境亦是教学工作的基础。所以，老师应该提升自身的专业水平，使抽象的数学问题简单化，加深学生对数学知识的理解。比如，在对数学中的几何知识进行讲解时，老师可以通过建立数学模型的方法使学生对几何图形有更直观的认识。此外，老师还可以充分地利用现代科技设备创设一定的教学情境。比如，可以通过网络查询的方式下载优秀的教学资源，从而事先做好备课工作。在课堂讲解时，采用PPT教学的方式将更多的数学知识细化开来，或者在课件中加入适当的动画、视频等。在课堂开始之前，老师可以通过寻求不一样的开场白为整个课堂奠定情境基础。比如用提问、讲故事的方法将学生自然带入课堂中。运用科学合理的教学方法，创设独具特色的教学情境，是建构主义学习理论下的又一新型应用模式。

通过研究分析我们不难得出，建构主义学习理论在初中数学教学过程中的应用效果显著，它对提高整体教学质量具有很大的积极作用。该学习理论从学习的本质出发，充分地挖掘了学生学习的主动性，很大程度上体现了学生在教学过程中的主体性。学校和教师都应该加强对该理论的应用，以实现整体教学水平的提高。

第九节　电教化在初中数学教学中的应用

随着现代教育技术的快速发展，媒体作用与教学过程之间的联系越来越密切，在现代教学中越来越重要了，学习教学的环境和手段正在发生着新的变化，传统的教学模式和方法已经不适应信息时代对人才培养的需要。知识的创新是教育的基础，教育要创新就得改变教育观念。实验表明，巧妙地利用幻灯片、录像、计算机等电教手段，其教学手段的直观性、丰富性会激发学生的联想及探索精神，不断地培养学生的创新精神。

一、初中数学运用电化教学的必要性

首先，必须肯定的一点是，电化教学对各科教学课堂的影响一定是与日俱增的，数学教学也不例外。在课堂教学中应用电化教学，不仅仅是数学学科自身发展的需要，更是教学事业发展的大势所趋。实验证明，学生的课堂注意力集中时间为 20~25 分钟，也就是说要想让一个学生全神贯注地上完 45 分钟的课程基本上是不可能的事情。当课上到一半之际，老师们常常会发现，学生开始开小差，不专心上课。这时，大部分老师会通过暗示、提问等手段强行将学生的注意力转移到课堂中，但是这种强迫的手法往往收效甚微。毕竟不管怎么看，黑板、粉笔以及枯燥的课堂都难以对学生产生足够的吸引力。为了适应学生的注意规律，教师应当在课堂教学中引进电化教学，改变传统教学中只有板书和简单教具的现状，将多媒体手段与教学方法紧密结合，以达到最大限度地吸引学生注意力的效果。如教师可将教学内容制作成 PPT 或者 Flash，适当加入音频、图案、视频等。教师通过电化教学将所要讲授的知识生动地展现在学生的面前，让学生对其产生兴趣，从而进行学习。这样可以在解决学生注意力不集中问题的同时吸引学生的学习兴趣，提高教学质量。

二、运用电教媒体，激发学生学习的兴趣

在传统的教学中，教师对学生传授知识技能，在教学策略、内容、方法以及步骤方面都事先安排，学生在学习中基本都是被动地参与整个教学过程，学生的思维意识都是被动的；多媒体教学的应用可以为教学提供强大的生动的资源，而且能展示知识的发生过程，注重学生思维能力的培养。新课程倡导建立自主合作探究的学习方式，营造创新的教学氛围。爱因斯坦说过"兴趣是最好的老师"。它以计算机为主要工具，运用投影、录像、录

音等媒体；集声、光、电于一体，直观形象、新颖生动，能够直接刺激学生的多种感官，激发学生的学习兴趣。改变传统的"一支笔、一张嘴、满堂灌"的教学方式。多媒体电化教学能把静止的实物图和直观图变为活动的、变化的图像，以此激发学生学习兴趣，提高课堂教学效果。在"直线和圆的位置关系"教学中，设计有关的教学课件，使用这些课件时，屏幕就出现了美丽清晰的地平线上，太阳开始露出了可爱的笑脸。将这一美丽的景物形象地比喻为直线和圆的关系。在舒缓、优美的《日光曲》音乐的伴奏下，一首"一轮红日，从地平线上冉冉升起……"的散文诗轻轻诵来……组合成一个巨大的、诱人的"探索场"，再加上教师的引导，学生很快"悟"出直线和圆的位置关系在公共点个数方面存在的本质特征，教师提示学生去发现：直线和圆有几个公共点？位置关系可分为几种类型？分类的标准是什么？能否像判定点和圆的位置关系那样，通过数量关系来判定直线和圆的位置关系？这样使学生学会运用联想、数形结合的思想方法去探索问题实质，并且这样探索的兴趣也会持续下去。这种引导学生进行的教学方法，激发了学生的学习兴趣，同时也培养了学生学习的创新意识。

三、利用电教化教学，能使练习多样化，提高教学效果

苏联心理学家赞可夫主张在教学过程中，要充分地调动学生的学习积极性，十分重视学生的"情绪生活"，设法制造愉快、生动活泼的学习气氛。传统课堂教学只是老师讲，学生听，以教师为主，学生参与性差，经常会出现"打盹课""小差课"。多媒体教学可以改变这一弊端，充分地调动学生学习兴趣，主动参与教学全过程，接受率、巩固率明显提高。例如，在"丰富的图形世界"教学时，笔者就做了一个演示课件，从网上和一些教学光盘搜寻到许多精彩、漂亮的图案让学生欣赏，有卡通、建筑、商标、道路、风景名胜；有体育器材、球类、服装、家庭用品；还有七巧板、几何体、优美的数学曲线等，琳琅满目，再配上《让我们荡起双桨》的背景音乐，把学生学习的热情给点燃了。现在的农村学生大部分基础比较差，学生的学习进度比较慢，从而导致积极性不高。在教学过程中，通过现代化教学的利用，可以使教学过程图文并茂、生动活泼、知识面更广，学生在这样的动感过程中学习，可以不断地获得新的教学刺激，在课堂上保持旺盛的战斗力，电教手段最大成功之处在于学习转为主动，抽象转为具体，通过娱乐性的练习，把枯燥的练习变为游戏、竞赛等，让学生能在轻松愉快的氛围中进行练习，从而激发学生的学习兴趣，提高课堂练习效率。

四、多媒体教学能拓展教学领域，提高教师素质

多媒体教学是现代教育技术的一种体现，是教育发展不可阻挡的潮流。大量事实表明，通过多媒体教学，能增大课堂容量，缩短教学时数，提高教学效率，而且突破教学难点，充分调动学生各种感官积极参与活动，培养和发展学生的各项能力。多媒体教学不仅要求

教师有较高的造诣，而且要求教师能够熟练地掌握电脑技术和操作。这样，教师在教学实践中就要想方设法挖掘教材，创设情境，创造性地使用教材，提供方法，使学生学会学数学。知行结合，使教学领域拓宽，数学教师在多媒体教学实践中增长了才干，就提高了运用现代化教育技术的能力和素质。

总之，在信息时代的数学课堂教学中，应该充分利用电教化的丰富资源，促进学生改变传统的学习模式，以新的教学模式不断促进学习，教师不仅要从理论上接受现代化的教学手段，发挥它们在教学中的优势，同时要精心设计好每一教学环节，将它们有机结合起来，以期达到最佳的课堂教学效果，激发学生的学习兴趣，拓宽学生的知识面，不断地培养他们的创新能力，使他们在轻松、愉快的氛围中学习。

第八章 初中数学教学评价创新

第一节 课堂教学改革中初中数学教学评价

　　课堂评价作为反映教学效果的关键方法，是教师开展教学反思活动的参考和依据。在学科教学中选择合理有效的教学评价方式，同时也是深化教学改革的路径和方法。在新课改形势下，构建有效课堂的教学目标指引着我们构建完善的学科教学体系，包括教学评价机制探讨在内的教学研究工作成为研究重点。本研究尝试立足课改需求，分析初中数学教学中开展教学评价的关键路径和方法，希望本研究内容具有参考价值。

　　教学评价在课堂教学活动中具有导向作用，深入挖掘教学评价的价值和作用，可以为学科教学活动质量提供保障。课堂教学评价要对评价对象进行客观描述，与此同时要求教学工作者掌握一定的评价技巧，给学生带来正面影响和导向，引导学生正确认识自己的同时建立学习信心，促进教学活动可持续。初中数学课堂教学评价中其实还存在一些问题，教师应该结合教学内容和目标要求，选择合理的评价标准和内容，助力有效的初中数学课堂的构建。

一、教学评价要体现发展性原则，对教与学进行双面评价

　　在初中数学教学中，培养学生的学科知识技能和素养是关键。在新课改影响下的初中数学教学活动以落实该教学目标为出发点和落脚点。在实施教学效果评价的过程中，教师应该立足教学目标确立评价标准，并结合学情确立比较符合教学实际的评价"标尺"和"依据"，兼顾对"教"和"学"的评价，构建积极的课程教学体系，促进师生共同进步。关注学生发展和自身进步，要求教师以发展性原则作为基本的评价标准。如"等腰三角形"的课时教学中，有例题如下：已知△ABC、△BDE 都是等边三角形，试求证 AD=CE，并判定当 AC⊥CE 时，AB 与 BE 的数量关系。结合学生在感知问题、推导问题和解题过程等重点学习活动中的表现，分析学生的探究、分析、判断、归纳能力，以此作为开展学生评价的关键，让学生获得反思契机。同时以"照镜子"的方式深入剖析自己的教学过程，反思教学方式和设计方案中的不足，反思之后改进形成新的教学方案。

二、教学评价要体现过程性原则，渗透于教学活动始终

教学评价是对教与学之间活动效果及表现的评判和指点，为后续的教学活动开展提供指导。笔者在自己的教学实践经验总结过程中发现，部分教师将教学评价作为巩固、反馈环节的固定项目，而忽视其他步骤中教学评价的应用，其实这是典型的结果性评价模式，和过程性评价模式相比缺乏动态性，不能够准确地反映整个教学过程。因此在初中数学教学中，我们要扭转这一现状，构建过程性评价体系。如在"相似三角形的判定定理"教学活动中，学生小组合作开展探究学习活动，结合这一学习过程，笔者结合他们的探究、分析、练习题解答情况展开教学评价，体现对学生整个学习过程的关注，有利于帮助学生建立自信心，还可以进一步体现教学评价的公正性，同时推进教学双边进程，促进新型师生关系的构建。

三、教学评价应突出学生学习水平的整体性，起到总结性作用

教学评价要体现教学过程的整体情况，对学生的能力、效果等内容给出整体性反馈，这就是我们强调的教学评价的整体性。很多教师在开展教学评价活动的过程中，割裂了学科知识和能力之间的关联性。在初中数学教学中，教师可以结合对学生知识关联能力的考查分析学生的反思和实验能力，日常要记录学生的课堂表现、操作结果以及思考过程，以描述性内容体现教学评价的整体性和全面性。如给学生建立成长记录袋，收集学生学习进步的资料，除了考卷和作业之外，还可以包括以下内容：①学生解决开放性问题的结果；②和数学课程有关联性的其他内容完成效果；③学生对学习过程的总结和反思情况；④教师对学生的阶段性评价；⑤学生日常的纠错情况；⑥学生动手操作数学模型或实物时拍摄的照片；⑦学生独立思考时想出来的问题（无论有没有解答）；⑧学习日记等。为了实现对学生成长记录的充分收集，教师要善于引导学生自主整理学习资料。课堂教学评价重点关注学生的整体性发展水平，教师应该充分发挥教学评价的积极教育功能，给予学生正面引导，实现育人目标，以教育点滴作为形成整体性教学评价的关键。

课堂教学评价立足新课改需求，强调评价内容和方式的转变，关注学生的发展动态、个性展示和整体性水平，助力学科教学质量提升。立足初中数学课程教学实际，教学评价模式显然还不够完善，因此笔者以自身的教学经验为基础，开展简要的教学评价方法分析，希望可以助力初中数学教育发展。

第二节　新课程标准下初中数学教学评价

在新课程标准下，初中数学教学评价体系要在目标设定、评价指标、评价方式等方面进行相应的改进。评价目标更要注重人文关怀，评价体系要由只注重结果向过程和结果并

重转变；由单维度评价向多维度评价转变；由单向静态评价向多向互动评价转变。与此同时，为了更好地与实际相结合，要转变对评价目的的认识，客观冷静地看待各种评价方式，因地制宜地开展教学评价工作。

所谓教学评价，是指以教学目标和一定的客观标准为依据，通过可操作的手段对系统收集的有关教学信息和资料的分析，从而对教学过程和教学效果做出客观衡量和科学判定的过程。在新课程标准下，初中数学教学评价的目的、指标体系和实施方案都应有相应的调整和创新，唯有如此，才能真正达到素质教育的最终目的。

一、新课程标准下教学评价体系的目的

《义务教育数学课程标准（2011年版）》（以下简称"新课程标准"）指出，义务教育阶段的数学课程是培养公民素质的基本课程，具有基础性、普及性和发展性。目的是培养学生的抽象思维能力和推理能力、创新意识和实践能力，以及学生在情感、态度与价值观等各方面的发展。初中数学课程的目标主要体现在以下几个方面：①学生能获得适应社会及进一步的发展所必需的数学基本知识、基本技能、基本思想、基本活动经验；②体会数学知识之间、数学与其他学科之间、数学与生活之间的联系，运用数学的思维方式进行思考，增强发现问题和提出问题的能力、分析问题和解决问题的能力；③了解数学的价值，提高学习数学的兴趣，增强学好数学的信心，养成良好的学习习惯，具有初步的创新意识和实事求是的科学态度。简而言之，新课程标准将初中数学教学的目标归纳为知识技能、思维方式、解决问题的能力以及德育、美育等几个方面。

由此可见，新课程标准与传统课程标准在培养目标上的重大变化在于其强调学生综合素质的提高。具体而言，新课程标准不再一味地只强调知识技能和抽象思维、逻辑思维能力，而是同时强调要让学生通过学习体会生活的哲理，养成端正良好的人生态度，塑造健康向上的人格品质。与之相适应，初中数学教学评价的目的也应做相应的调整。它不应仅仅为了测试学生的知识积累、抽象思维能力、逻辑思维能力等方面的内容，同时也包括情感、人格品质等方面的内容。即评价的目的需要由知识、能力扩展到道德情操和人文修养，由简单的测试工具理性向综合的测试工具理性与价值理性转变。

二、新课程标准下教学评价指标体系的改进

既有的初中数学教学评价体系侧重于对教学结果单向度的测评。只关注学生的知识和能力水平，而不关注学生在此过程中表现出的情感和态度；只关注学生学习的结果，而不关注学生学习的过程；只注重对学生的单向评价，而不注重发挥学生的主体性和主动性。为与新课程标准的要求相符合，真正培养知识、能力、德行全面健康发展的学生，我们必须与时俱进地改进初中数学教学评价体系。具体来讲，我们要由只注重结果向过程和结果并重转变；由单维度评价向多维度评价转变；由单向静态评价向多向互动评价转变。

（一）初中数学教学评价体系要由注重结果向过程、结果并重

新课程标准指出，应采取形成性评价和终结性评价相结合的方式，对初中数学教学进行评价。终结性评价方式是一种注重结果的评价方式，同时也是指在一个学习阶段结束时通过纸面测试的方式对学生的知识掌握情况和逻辑思维、抽象思维等能力进行评价。一般而言，这种评价方式的目的在于甄选和选拔，难以从中体现出学生的综合能力提高和教学过程中的成就和不足。它带来的是高分崇拜的片面导向。形成性评价是指将评价贯穿于教学的全过程。通过观察、记录、聊天、问答等方式对学生学习的过程进行记录和评价，发现学生的潜能，激励学生扬长补短，发挥优势，挖掘潜力，综合提高。另外，形成性教学评价也有利于教师及时发现问题、诊断问题和处理问题，从而及时改进教学中存在的各种问题，不断地提高教学质量。

（二）初中教学评价体系需要由单维度的评价向多维度全方位的评价转变

如前所述，之前初中数学教学评价体系拘泥于对学生知识水平和数学思维能力的考查，其所导致的是对教学的片面导向。新课程标准鲜明地提出了要注重培养提高学生的综合素质，因此，我们的教学评价体系也要做一些必要的调整，要从单纯注重知识积累向知识、能力和人文修养并重的方向共同发展。简言之，我们要培养的是人格健全的人，因而人本主义和人文精神既要体现到教学中，又要体现到教学评价的体系和过程中。只有对道德情操、情感、性格的评价渗透到初中数学教学评价体系的过程中，才能更好地发挥教学评价检验教学成果、诊断教学问题、反馈教学成效、引导教学方向的作用，不断地改进教学的内容和方法，并最终达到培养性格健全、知识牢固、能力突出的学生之目的。

（三）初中数学教学评价体系要由单向静态评价向多向互动评价转变

我们传统的教学评价体系基本是单向的老师对学生的评价，学生一直处于被动的地位。但是，教学是"教""学"相长的过程，是老师与学生互动的过程。仅仅单向的老师评价学生的方式对教学过程的反映是不全面的。如果要对教学的过程有更客观、准确的反映，必须强调学生的主体性，建立老师与学生相互评价的机制。老师不再仅仅充当评价主体，而是要扮演评价客体；学生不再仅仅被动地扮演评价客体，而是也充当主动的评价主体；同学之间不再是毫不相干的平行关系，而是互为评价的主客体。将教师评价、学生自评、学生互评、师生互评、家长评价等多个方向的评价相结合，形成一套多向互动的评价网络，更全面、客观、准确地检验、诊断和反馈教学过程，及时发现问题，师生家长多方合作，共同解决，将数学课堂真正打造成一个有利于学生全方位健康成长的"大课堂"。

三、新课程标准下初中数学教学评价指标体系的实施

在教学评价具体实施的过程中，最重要的是对新课程标准理念的准确理解和深入贯彻。

这就要求我们转变对评价目的的认识，客观冷静地看待各种评价方式，因地制宜地开展教学评价工作。

（一）改变教学评价是为了甄别学生、筛选老师的片面认识

我们的教学评价体系为的是了解、诊断师生教学互动的过程。及时发现教学中存在的问题，找到问题的症结所在，并及时予以有效的解决。教学评价的目的说到底是为了过程的控制和互动的优化，而不是为了比较学生和比较老师。不可否认的是，教学评价具有"比赶"和"激励"的作用，但这种作用毕竟是有限的，我们也万不可走向偏激的选择。

（二）要尊重传统的评价指标和评价方法

我们强调指标的多元化和方法的多样化并不是要否认传统评价指标和评价方法的积极意义。实际上，传统的评价指标和评价方法经历了长期的发展改进，已经具有高度的科学性。一些试题的设计甚至已经达到炉火纯青的地步。尽管这些方式有静态、固化等种种缺点，但其对人综合素质的考查也是非常有效的。道理很简单，人的综合素质和人文修养体现到解决任何一个细微的问题之中。与此同时，通过教学老师的精心设计，静态的问题并非不能考查人的德行、修养等内容。因此，我们切忌舍本逐末，走向另外一个极端。

总的来说，新课程标准最核心的理念是要求师生弱化竞争、比赛的理念，心态平和地去探究知识的本质以及蕴含其中的人生智慧。事实上，这一要求仅靠初中数学教学评价体系的改革和发展是难以完成的，它需要的是我国教育资源的进一步丰富、教育制度的进一步改革和公民教育理念的进一步提升。但无论如何，初中数学教学评价体系的改革正是沿着这一方向一直在努力前行。

第三节　初中数学教学中发展性评价

随着新课程改革的不断深化，人们越来越重视对初中数学教学的评价。教师应对学生的学习过程进行发展性的评价，即教师不仅要把握学生的学习水平，同时还要关注学生的行为习惯、情感态度、合作交流、创新意识等其他方面的总体发展。这种发展性评价与之前的数学教学评价相比有以下四个特点：善用激励与导向、结合定性与定量、兼顾过程与结果、激发灵感与创新。

《义务教育数学课程标准》指出："学习评价的主要目的是全面了解学生数学学习的过程和结果，激励学生学习和改进教师教学。应建立目标多元、方法多样的评价体系。评价既要关注学生学习的结果，也要重视学习的过程；既要关注学生数学学习的水平，也要重视学生在数学活动中所表现出来的情感与态度，帮助学生认识自我、建立信心。"在教学活动中，教师要注重对学生的学习过程与方法、情感态度价值观等进行评价，使每个学生都拥有持续发展的能力和创新应用的意识。

发展性评价结合量化评价、质性评价和多元评价，为学生制定最具个性化的发展评价标准，较为准确地判断学生在不同阶段、不同领域、不同方向的发展潜力，促进学生能力的提升。发展性评价能够促进学生成才以及教师的专业化成长，从而带动起学校的发展。因此，我们在数学教学中应该更加重视发展性评价。

一、善用激励与导向

发展性评价更加注重激发学生的学习动力，更加重视学生的学习过程，更加关注学生的进步。教师充分地利用课堂评语对学生的进步和变化进行及时反馈，从而激发学生的学习欲望，增强学生的学习信心。学生可以更加科学和理性地分析自己的成长过程，找出自己的优缺点，在不断地发现自我和改进自我的过程中提升自我评价和反思能力。成长档案能让教师更加科学、全面、立体地了解学生，从而更加客观地评价学生，使师生关系更加融洽。

二、结合定性与定量

在传统的评价中，我们以学生的学习成绩作为评价标准，但这并不能看出一个学生的综合素质能力。在成长过程中的许多方面是不能单纯地用一个数字去表达的，例如，学生收集、处理、分析信息的能力，动手能力，语言表达能力，与人合作的能力，创新能力，等等，这些能力都是无法直接进行量化的。所以，在教学评价的具体操作过程中，既要有定量的评价，同时也要用定性的评价来补充，使得评价更加科学和立体。发展性评价就是这样一种评价，采用多样化的评价方式、手段和工具进行评价，在评价时从情感、态度、价值观、创新意识和实践能力等多方面评价学生的进步与变化。在发展性评价过程中，评价学生不再是"一维"的，而是"多维"的，只有"多维"地去评价学生，才能够激励普通的学生变得优秀，优秀的学生更加优秀，才能促进学生综合素质的发展。

三、兼顾过程与结果

发展性评价是指在教学过程中不断地调整评价内容，让学生在学习的过程中不断地发现问题、改正不足、不断进步，从而达到更好的学习效果。终结性评价更关注结果，是教学活动结束后为判断结果好坏而进行的评价。

传统的评价更关注结果，发展性评价更注重评价的反馈和过程，更关注学生未来的发展。传统的评价只看"开始"和"结束"，只有"结果"，没有"过程"。发展性评价利用"课堂观察法"能很好地关注学生的学习情况和学习过程，是对传统评价的有效补充。

课堂观察法是发展性评价的主要开展方法。课堂观察法要求教师在教学过程中从注意力、课堂参与、思维活动、情绪状态等方面观察学生并随时做出适当的评价。在不同层次的学生发表意见和讨论问题时提供个性化的指导；根据学生的能力提出与之相匹配难度的问题等，使学生在学习过程中获得成功感。通过这样的评价，能够激发学生的学习动力，激励学生自由思考和实践，帮助学生认识自我、修正自我，超越自我；体验成功、树立信心。

四、激发灵感与创新

学生的创新能力是发展性评价的重要内容之一。爱想、敢想和会想是创新的重要特性。拥有对数学问题的好奇心和探究心，通过思考，利用某些策略，从数学的角度发现、提出、分析和解决问题是学生创新能力的主要体现。

发展性评价是教师和学生共同进步的过程，是一个全面、长期、综合的评价过程。发展性评价的实施过程既是宏观的要求，同时也是具体的和可操作的，评价结果是对学生学习情况和教师教学情况的真实反映，同时，发展性评价还能够推动学校的教研工作，引导和激励师生共同发展，更好地落实"立德树人"的目标，最终实现初中数学教学活动的教育价值。

第四节　初中数学课堂教学中巧用多元评价

众所周知，课堂是实现教学任务、达到教学目的的活动场所，要构建有生命的课堂，就必须很好地与学生进行知识上和情感上的交流，而这些交流更多地体现在多元评价方式上。在初中数学课堂教学中实施多元化的评价，对初中生的成长与发展有着重要的促进作用，值得重视与推广。

多元评价的方式在初中数学课堂教学中主要包括口头评价、书面评价、肢体评价。三种评价方式各有各的特点，各有各的功能，针对初中生的年龄特征和学习情况，不同的时刻和场合使用不同的评价方法可以有效地激励学生自我评价、自我监管、尽快成长。对待学生，不能长期只使用一种方法，这样容易产生厌倦感，反而不利于学生的进步。对个别纪律表现不好的学生，还要注意区别对待，使得他在教师的能力控制范围之内。在初中数学课堂教学中，数学教师要努力尝试不同的评价方法。

一、用好"口头评价"，注重信心教育

教师在课堂教学中，要时刻提醒自己在评价时，要用赏识的眼光、发展的眼光来看学生，用激励的语言来评价学生，给他们学习的自信心和成就感。对初中学生进行口头评价时要多点赏识，要尽可能地做到多层次、多角度，要带一点商榷，来一点幽默，多一些宽容，带一点动作暗示。教师在评价时要有一种人文意识，给学生更多的人文关怀。有句名言"你失去了勇气，你就什么都失去了"。在笔者的课堂教学中，时常出现这样一种现象：当笔

者向学生提问时，班里平时表现很差的学生也总是跟着其他学生一起举起了手。然而，当笔者让他们起来回答问题时，他们却一个字也回答不上来。对于这种现象笔者在很多课外书籍和杂志上都看到过。下课后，笔者也学着别人的方法问他们为什么这样做，他们都低着头说："老师，别人都会了，如果我不举手，大家会看不起我，老师也会看不起我。"同样的话、同样的事，同样出现在笔者的课堂上，笔者也学习了别人的做法，私下一一告诉这几名学生，下次提问时如果会就举起左手，不会时就举右手。在以后的数学课上，每当笔者看见这几名学生举起左手时，就尽量给他们机会回答；每当笔者看到他们举起右手时，就不让他们回答。一段时间后，这几名学生渐渐变得开朗了，学习成绩也有了很大的提高。由此可以看出，教师只要尊重学生的自尊心，让学困生看到学习的希望，他们就能逐渐树立起对学习的信心，增强主动学习的勇气。悄悄地让学生举起右手，这不仅是一个教法的举措，更是一个育人的举动，是一个尊重学生、给学生以人文关怀，将爱的教育付诸实践的举动。

另外，教师在进行口头评价时，要关注整个班级，只表扬学习出色的学生，而忽视了弱势群体，这样会造成学生心理不平衡。因此，表扬时不要只关注个体，同时还要关注群体。

二、细化"书面评价"，坚持正面教育

对于学生的作业，一般教师总是很喜欢学优生的，不太喜欢学困生的，因为学困生的作业书写乱，计算、解答错误较多，让教师一看，心里很不舒服。这时，教师可以利用评语进行正面批评指导。相反对于学优生的作业可以写上简短的鼓励评语，如"你真棒！""继续努力""你的计算很细心""你的进步很大，因为你付出了努力""看到你在进步，我万分高兴，希望你更上一层楼"。这种带感情色彩的评价使学生感受到了教师对他的关爱，从而使学生对成功和失败都有一个正确的认识，做到胜不骄、败不馁。有人说，能走进学困生心里的教师才是好教师。在一个班级中，我们习惯于对好学生进行评价，因为他们思维活跃，回答问题积极，又能调动课堂气氛。而往往忽视了班上的学困生更需要教师的关爱，一个眼神、一个拥抱、一个手势都如雪中送炭般的温暖。对于学困生，像"你真棒""非常好"等评价起不到应有的效果。我们可以评价得更具体一些，比如，"你今天书写有进步""你回答问题的声音再大一些会更好""你今天的笑容很灿烂，都感染到老师了"等等。笔者发现这样润物细无声的评价可以起到事半功倍的效果。

三、肢体语言评价，激发学生的学习热情

在教学活动中，教师丰富且有个人特色的体态语，不仅能给学生外在美的观感，而且能有效地表达教师丰富且充满个性色彩的情感，对学生有巨大的魅力，起到"身教重于言传"的效果。比如，"我听出问题来了，你听出问题来了吗？""多好的回答，他的话告诉我们什么？谁能把他的话再重复一次？""这位同学听得真认真，他能听出话中有话，真

不错……"这样的评价不但能起到激励学生倾听的作用，而且能把单向的倾听与多向的对话充分地结合起来。教师倾听的敏锐性和深刻性能极大地鼓舞学生的倾听和思考。我们常常说：此时无声胜有声。而在我们的日常教学中，合理使用好肢体语言，更能衬托出这一境界。我们用肢体语言来评价学生，不但可以吸引学生的注意力，同时还可以消除学生的紧张、担心等不好的情绪，逐渐拉近师生之间的情感距离。在让学生回答问题时，我们要做出倾听学生答案的姿态，在学生回答的过程中不时点头表示认可，或做出沉思状，提出反问，和学生进行探讨。当学生回答错误时，我们给他一个微笑，给学生善意的提示，或摸摸他的头，给他鼓励，最后和学生击掌，希望他下次加油等。

肢体评价语言是一种无声的感召，是一首无曲的小调，更是一种抚慰心灵的药剂，它具有普遍性、时效性、示意性、感召性。它可以更大限度地激发学生的学习热情，运用得好，会对我们教学工作起到事半功倍的作用。

总之，教师的语言如钥匙，能打开学生心灵的窗户；如火炬，能照亮学生的未来；如种子，能深埋在学生的心里。因此，为关注学生的终身发展，要从内心深处赞赏、欣赏每一名学生。

第五节　初中数学课堂教学中巧用有效性评价

全面促进每一位学生的全面提升是当前新课改的中心理念，在新课改这种大环境下，初中数学课堂教学方式也在发生变革，以应对新课改要求。在初中数学课堂上，数学教师越来越重视课堂评价，真实有效的课堂评价不仅可以促进教学方式的改进，同时还能客观分析出学生学习情况，从而提升学生的数学学习能力以及教师的教育品质的目的。

传统的教学模式也会有部分评价体系，但过往的评价体系由于数学教师的不重视，而且评价模式单一，不足以达到提高学生数学学习能力的效果，以至于评价体系形同虚设。本节结合数学课堂的评价现状，探讨分析评价对于数学课堂的重要作用，并提出相关策略，希望教师在提高自己评价能力的同时，让学生也有自我评价的能力，让中学生得到健康全面的发展。

一、初中数学课堂教学有效评价的作用

怎样才能在数学课堂教学中达到有效的评价呢？这是每位数学教育工作者需要深思的问题，通常情况下，数学教师都是通过学生平时的考试成绩、作业完成情况以及课堂回答问题的准确性来对学生进行评价的，这种单一的评价方式，并不能客观全面地展现中学生数学学习的情况，在数学教学过程中，不仅需要注重学生学习结果的综合性评价，同时还需要注重学生在整个学习成长过程中的有效评价，这种真实全面的评价，才能够客观反映

出教师的教学成果。因此，在数学教师对学生评价的过程中，要从多方面考虑，摒弃单一的评价模式，从学生根本出发，注重评价的主体受众，在评价内容上要多元化和具有针对性，通过对每个学生的评价分析，发掘学生的学习潜能，助力学生全方位的提升，同时构建和谐的师生关系，为后续数学教学的顺利开展提供保障。

二、当代初中数学课堂教学评价存在的弊端

（一）教师不够重视评价

随着新课改的不断推进，许多教师的教育理念也在逐渐转变，但传统的评价模式在数学教师的教学中依然根深蒂固，许多数学教师仍然把考试成绩作为评价学生的唯一根据，忽略学生在学习数学过程中的评价。其实当下很多教师对于评价模式都很熟悉，也了解有效的评价对于数学教学的重要性，但在数学课堂中如何让评价达到理想的效果，是每位数学教师都无法回避的问题。比如，在评价学生时选择什么样的契机、使用什么样的语言、采用哪种沟通方式等等，在教学过程中教师不能让评价仅仅流于形式，而应切实发挥教学评价的真实效果。

（二）评价的衡量标准过于单一

素质教育要求的是学生综合素质的提升，只看重学习结果的评价方式过于单一，并不能作为衡量一个学生优秀与否的唯一凭证，这种单一的衡量标准会限制学生的发展空间，不利于学生的全方位发展，同时也限制了学生的思维空间和探索精神。

三、实现初中数学课堂教学有效性评价的方法

（一）从学生出发开展课堂教学活动的评价

由于当前数学的教学内容需要通过学生的具体实践来进行，因此，在课堂教学中，要充分地考虑学生的想法，顾及学生感受，才能有效地发挥学生的主体性。教师在数学课堂上对于学生的评价和分析要时刻从学生角度去思考，比如，学生对我的教学方式是否感兴趣？通过这节数学课学生可以学到什么？掌握了哪些知识？等等。例如，数学教师在课堂上教授人教版初中数学七年级下册"平面直角坐标系"这一内容时，如果教师只是在黑板上单独画 x 轴和 y 轴，这种抽象的方法让学生更难理解教学内容，从学生的评价角度出发，灵活直观的教学方式更容易受到学生欢迎，也更容易理解教学内容，提高学生对于数学学习的兴趣，教师在教学过程中可以使用多媒体手段，借助图片的形式，再结合生活实际为学生做讲解，比如学生军训时的列队方式、教室桌椅的摆放，都可以融入教师授课内容中，这种直观且结合生活实际的教学模式，可以加深学生对数学公式的理解，可以更有效地掌握基础知识，在这个过程中，教师也可以让学生举例子，让学生发挥自己的想象力积极地参与到课堂学习中，提升学生的参与度，从而提高课堂教学效率。

（二）鼓励学生自我评价

每个学生对自己的学习情况和学习方式都更为了解，因此，在评价中要让学生学会自我评价，从而认识到在数学学习中自己还有哪些不足，在这个过程中数学教师需要正确引导学生进行自我评价。根据班级学生的实际情况，通过设置巧妙问答的方式帮助学生进行自我评价，从而让学生发现自身问题，对自身问题进行反思并加以改进。例如，你是否会对问题认真思考？A. 有；B. 没有。在面对一道题，你是否会用多种方法进行解题？A. 会；B. 不会。在学习新课程时，你喜欢和其他学生讨论新知识吗？A. 喜欢；B. 不喜欢。今天课程的学习成果你满意吗？A. 还可以；B. 不满意；C. 很满意。对于今天数学老师教授的新知识你全都掌握了吗？A. 基本掌握；B. 全部掌握；C. 掌握极少。学生教师可以通过类似的这种问答方法，促进学生进行自我评价，以便可以随时掌握学生的学习进度，从而调整教学方式，提升数学教学的效果。

总体来说，课堂评价是数学教师在教学中一种必不可少的教学方式，课堂评价不仅是了解学生学习情况的必要手段，同时也是提高数学教师教学质量的关键。

第六节 初中数学教学中对学生发展性评价

数学是关系到学生逻辑思维能力和运算能力等各项能力的综合考查的学科，在整个学习过程中都是很重要的，学好数学会关系到自己的学习总成绩，尤其是对于初中的数学学习来讲，更是至关重要。因此，教师在初中数学教学中，应该要提升对学生发展性评价的重视，主动去关心学生，与学生之间建立良性互动，带动学生更好地去学习，这样在自己的学习过程中才不会感到枯燥，才能够更好地提升自己的学习成绩。本节将从恰当实施鼓励性评价、建立多主体评价体系、融入课堂教学过程入手，并结合学生的情况来研究数学教学过程中学生发展性评价的相关内容。

教师进行评价是为了掌握好学生在一定时期内的学习状况，以及整个发展的状况，包括各个方面的综合表现，并且根据整体状况来制订下一步的教学课程和教学安排，让学生能够真正地热爱学习，提升成绩，提高自己的整体水平，帮助学生实现全面发展，所以，采取适当的方法对学生进行评价是非常有益的，但是在实际的教学中，很多教师对于学生的评价基本是通过考试的形式，一张纸决定学生的整体能力，更多的侧重点在于成绩和对知识的掌握情况，这种情况相对来讲比较单一，而且比较模式化，考查的结果也并不具备全面性。因此教师在评价的时候，可以采取发展性评价的方法。

一、发展性评价的现状与意义

发展性评价引自英国，在我国起步是比较晚的，而且就目前现状来讲，对于这种评价体系还并没有统一的标准和定义。当下认为这种评价应该要以学生的整体发展为研究对象，而不仅仅要注重学生的学习成绩，还应该要从多方面来对学生进行考查，这样的考查结果才是比较全面的，有助于学生全面发展，激发学生更多的潜力，让学生认识到学习中的不足以及学习中的优势方面，帮助学生更好地扬长避短，建立自信。

在这样的评价之下，学生对于自己的了解会更加全面，不会因为成绩低而否定自己，也不会因为成绩高而沾沾自喜，考查的结果比较客观公正。其次就是这种考查结果为更多的学生提供了一个展示自己的机会，让学生不再畏惧评价，而是把评价当成了一种激励手段，对于自己表现优秀的地方都会给予奖励，这种方式能够激发学生让自己变得更加优秀。

二、发展性评价的具体应用

（一）恰当实施鼓励性评价

鼓励性的评价，可以让学生对自己有更强的自信心，这种自信心在学生的学习过程中是非常强大的，它可以让学生自身的潜能被有效激发出来。因此，教师要在恰当的时候对学生进行鼓励，多给予学生肯定性的赞美，而并非否定的话语，这样很容易伤到学生的自尊心和自信心，让学生对学习丧失兴趣。以鼓励作为评价的标准之一，让学生能够一点点地进步，这对整个学习过程是非常有帮助的，能让学生逐渐养成好的学习习惯。

（二）建立多主体评价体系

对于学生的评价，其实不仅应该由教师来进行，而是应该由教师、同学和家长三方共同进行。教师可以了解学生的学习状况，学生可以了解学生的在校表现，家长对于学生的日常表现更加熟悉，多方面地进行评价，可以让教师对学生有一个更深刻的了解，这种评价是非常民主的，而且参与主体比较多，可以起到一个多元化的作用。而且多元化的评价，让学生的各方面能力都能够有所体现，可以让学生更好地去尊重老师，与学生实现更好的交流，在家中能够更加孝顺父母等等，对于他们的整个生活状态都会有一个很好的促进作用，帮助他们建立信心，养成很好的生活和学习习惯，对于其日后发展都是有很大帮助的。

（三）融入课堂教学过程中

教师和学生之间的关系并不是剑拔弩张的，而是一种非常平等、和谐的关系。教师应该学会倾听学生的意见，学生也要试着去理解老师，建立一种比较和谐的师生关系，才能够在学习的过程中帮助学生。当学生有疑问的时候，可以积极地去找老师解决问题，当老师有想法的时候，也可以与学生进行探讨，这样彼此之间形成一种良好的学习氛围，会促进学生进步。教师可以让学生来对自己进行评价，教师可以了解到自己在学生心目中的形象和作用，对于不好的方面可以进行改正，便于提高课堂效率。学生对于老师有评价的权利，教师也可以对学生评价，彼此之间更加公平、更加平等，同时也可以让学生与教师之间的关系更加融洽。

(四) 发展性评价的真实应用

在每个班级中都会有成绩相对比较落后的学生，这样的学生可能因为长期的学习落后，便丧失对学习的积极性，导致成绩越来越差。教师要做的就是让学生重拾对学习的兴趣，所以可以和学生讲一些自己以前带过的班级里面，和学生成绩相似，最开始学习成绩一般甚至落后，最终通过努力取得很好成绩的学生的案例，让学生真切地感受到，当前的学习成绩并不代表以后的学习成绩，只要通过自身努力就可能提升。而且提升学习能力比提高学习成绩更有效，所以，要让学生能够去一点一点地进步，去感受进步的快乐，让学生对于学习有更高的积极性，才可以帮助学生获得更好的成绩，提升自我。

因为现在的教学目标在发生变化，对于学生的要求也在变化，不仅仅是要求学习成绩高，更要求其全面发展，因此，对于学生的整体评价也需要及时调整和改革。发展性评价可以帮助学生更全面地了解自己，同时也可以促进学生的全面发展，是当前应该推广的一种评价方式。

第七节　初中数学教学中研究性学习的评价

随着课程改革的不断深入，研究性学习已经走进了数学课堂。这是一种积极的学习方式，指的是学生对某些数学问题进行深入探讨，或从数学的角度对某些日常生活中和其他学科中出现的问题进行研究，以主动获取知识、应用知识和解决问题。更注重的是学生的主动探究、自主学习、亲身体验、合作交流。研究性学习的评价作为研究性学习的重要一环，应当充分地发挥评价的教育功能和激励功能，帮助学生增强主体意识和创新意识，支持学生通过探究，构建真实的学习意义和生活意义，并在正确评价观的指导下，突出研究性学习的特点，按照新思路来考虑有效评价的策略和方法问题。

一、数学研究性学习的有效评价策略

(一) 研究性学习评价的目标应该比较自由

目标自由的评价观认为，如果不根据预先确定的目标向评价人员提供信息，那么，评价就会比较客观。因此笔者建议，做出评价结论的依据不是制定者预定目标，而是活动参与者所取得的实际成效。研究性学习中由于学生个体发展水平的差异，学习的结果必然会五彩纷呈，但只要学生将他们学习结果与适应发展水平的科学知识相结合，并且他们的判断力和创造力有所展示，就可以认为取得了一定成效。因此，评价的标准应具有开放性。

(二)通过目标自由的评价方法能更好地判断研究性学习的结果

研究性学习的评价应该整合在教学中。研究性学习的评价更加注重学习过程，而不仅仅是结果。在整个学习过程中学生处于一种积极、活跃、兴奋的状态，从选题到制订计划，再到收集资料，最后到结果的呈现，无不渗透着他们的辛勤劳动和积极的思考。由此丰富了学生学习的经验，进而促进学生获取知识和运用知识能力的提高。由此可见，评价应该围绕着学生如何提问、如何收集信息、如何做出假设和解决问题，始终关注学生正在学习什么，而不是建立一套学习的参照标准。所以说，有效的评价应该整合进教学过程中，成为教学过程的一部分。研究性学习评价应注意合作的作用。研究性学习中师生的合作体现在主要由学生对学习目标、学习内容和学习方法进行判断和选择，教师只是起到指导者、合作者的作用，为学生介绍和提供测定和评价学习的策略和方法，根据反馈的信息，指导学生找出问题和缺陷，帮助改进研究方案。学生之间也有合作，小组合作学习作为研究性学习的一种主要形式，便于课题研究的开展和深入。通过组内个人的相互评价，使学生学会倾听和评判别人的意见，学会表达和反省自己的观点，学会交流和分享共同的成果。与此同时，合作还可以向社会延伸，利用社会的教育资源。

二、数学研究性学习评价的内容与方法

与其他学习活动的评价一样，数学研究性学习的评价内容主要有学生知识技能的充实、能力的培养和个性品质的形成。但是，它关注的重点和价值指向与学科学习评价有所不同。从知识层面看，数学研究性学习的知识内容具有更大的开放性，它对学习素材（研究课题）的探究将不拘泥于教学大纲规定的知识内容，并有可能来源于不同的学科领域和更广泛的实际生活，它追求对书本知识的加深和拓宽，强调学生把学到的数学知识加以联系、综合，并运用到实践中。评价内容指向有价值的数学任务和数学活动，通过数学问题的探究过程，使学生的思维过程得以展现。从能力层面看，更强调学生获取信息的能力和创新意识，它要求学生能多渠道地去寻找自己需要的信息，能从各种资料中通过分析、整理、归纳、提炼找出有价值的信息，对研究的课题提出创造性的解释，能了解科研的一般流程和方法，能规范地给出成果汇报，准确地表达自己的见解和观点。在个性品德方面强调激发学生的好奇心和自主意识，激发学生的探究热情和创造精神，学会与各种人交往和团队协作，尊重和欣赏别人的劳动成果，培养学生的工作责任心和计划性。以下介绍两种与研究性学习评价的内容相适应的评价方法：

（一）档案袋评价法

这是一种在欧美国家广泛推行的评价方法，指的是汇集学生的作品样本，目的是展示学生的学习和进步状况。档案袋内容的选择和提交由学生和教师共同决定。它的制作过程，涵盖了一项任务从起始阶段到完成阶段的整个跨度。它由学生自己保管。借鉴国外的经验，研究性学习的档案袋内容由四个部分组成：课题产生过程的说明、研究过程的记录、系列

作品以及学生的反思。课题产生过程的说明，是课题产生和学习计划编制的文件记录。

（二）学生的自我评价法

自我评价法指的是学生参与评价，学生既作为评价的主体，同时又作为评价的客体。主体的我以"一定的准则"为参照来衡量客体的我是否达到目标。这里的准则既可以是自我参照的，也可以是标准参照的。前者以学习者自己的目标、期望和以前取得的成就为参照点进行评价，评价标准来源于学生自己的作业，而非外在的指标。标准参照则依据公认的公共标准进行。自我评价的意义在于加深学生对自己作为学习者的理解，有助于学习目标的认识，以及对学习过程的控制，培养和形成对学习及活动的评价能力。

以上简单介绍了两种评价方法，除此之外，评价方法多种多样，比如观察记录、小组评价、操作评价，等等，各种评价方法各有长处和局限，应当取长补短、配合应用。

总之，研究性学习的有效评价体系必须充分地体现研究性学习的价值取向，有利于达成研究性学习的目标，它的合理构建对推进研究性学习的深入开展有着重要的作用。

第八节　初中数学教学中对学生分层评价

分层评价是教师在开展分层递进教学中必不可少的环节。在当前初中数学教学中，教师要想更好地提高学生的学习效率，首先就要注重对学生的评价，提高学生学习数学这门课程的积极性。

一、分层评价应体现在整个数学教学过程中

众所周知，教师在对学生进行分层评价时，不仅依赖于测试成绩，还体现在整个课堂中。

上课遵守纪律情况的分层评价。为了在一定程度上减轻学生在课后的作业负担，就需要教师保障数学中的每一节课的教学质量。其中，课堂纪律具有重要的作用。结合实际调查发现，多数学习不太好的学生在课堂纪律上表现不够好。针对这种情况，初中数学教师对数学成绩较好的学生，可以通过不同的方式，如眼神、手势、提问或站位等方式对这些学生暗示课堂纪律，其次再对学生进行评价；而对于数学成绩处于中低水平的学生，在采用这几种方式的同时，还可以在课堂上对其点名提醒。借助这种方式，让学生在课堂学习中遵守课堂纪律。

思考问题情况的分层评价。对于大多数学习成绩不太好的学生来说，在学习数学课程时可能带有一定的自卑心理，具体表现为上课不敢举手回答老师的问题，担心回答错误而被其他同学嘲笑。为了解决这种情况，作为初中数学教师，则需要对学生在问题思考上进行分层评价，如可通过学生在课堂学习过程中举手次数的多少为标准来衡量其是否进步或

是否退步，对于有明显进步的学生，教师要予以表扬。在设置问题时，教师可为数学成绩处于中低水平的学生提出较为简单的问题，这样做能够提升这些学生回答问题的自信心。当学生回答完问题后，教师不仅要能够表扬其回答正确的内容，同时还要指出其存在的不足之处，促使其加以改进。针对一些学生数学逻辑思维能力比较差的情况，数学教师要在教学中结合教材内容的重点，保障其具有一定的连贯性和关联性，进而逐渐引导学生在学习中了解和掌握相关的数学知识，从而让学生对总体的知识脉络的逻辑关系掌握清晰。总之，教师要重点关注思维能力比较差的学生，要让他们在教师的引导下对数学知识之间存在的相关性有进一步的认知和学习，只有这样，才能够更好地对学生进行分层评价。

课堂练习的分层评价。在实际教学中，让学生进行课堂练习能够直接反馈教师的教学效果，与此同时，在学习评价上也会在一定程度上影响教师对教学方式的改进。对此，当教师在对学生进行数学知识分层练习后，要能够注重对问题的分层评价。在此过程中，学生在练习中存在问题时，教师要能够适当引导学生到发现问题出错的地方，及时找出错误原因。当数学学习成绩处于中低水平的学生进行数学练习时，教师可按照相关的原则，如"按步给分"，让这个层次的学生在练习过程中发现自己在学习中获得的进步和存在的不足，不能因为看到题目中出现"×"，就认为自己学习是失败的。

作业的分层评价。在初中数学课堂教学中对学生的作业进行分层评价，能够在一定程度上培养学生在数学学习中认真仔细的精神和态度。当教师在对学生的作业进行批改时，必须予以评价，评价标准可按照"优、良、及格和需努力"进行。与此同时，教师在分层目标上还要以学生学习数学的具体情况为依据。而在评价内容上，必须包括各个方面，如作业的规范性、书写整洁程度、正确率和订正情况等。

单元测试的分层评价。当教师在对学生进行某个单元的测试后，要能够按照标准和要求，将各个学生的数学学习成绩与试卷的难度相结合，同时还要注重各个学生在自身的学习效果上的比较。对于数学基础较为薄弱的学生，则需要教师重视学生在数学基础知识上的掌握情况，而对于学习较好的学生，教师要能够重视学生数学能力的进一步提高。

二、分层评价与矫正调整相结合

实践研究证明，分层评价能够在一定程度上帮助教师了解学生在数学学习中具有的"闪光点"，但是其中所发现的学生存在的问题，教师必须结合实际情况，采取相应措施。教师在数学教学过程中，发现学生遵守上课纪律时，要予以表扬。当学生回答教师提出的数学问题并出现错误时，可在下次的课堂问题中继续让其回答。而在进行分层练习时，如果存在问题，就需要教师通过面批来对其进行纠正。在测试过程中所存在的问题，教师可在对学生评讲试卷后，再让学生进行不同层次的练习。这种形式就是将评价与矫正进行适当的调整和结合，促使教师在课堂教学过程中实现分层递进教学的目的，提高数学教学效果，以满足学生学习需求。

综上所述，在初中数学教学中利用分层的方式对学生进行学习上的评价，不仅可以有效提高教师的教学质量和教学效果，同时还进一步提高了学生学习数学的综合能力。学生在数学学习上存在较大的差异性，对于这种情况，作为初中数学教师，必须注重对教学方法的正确使用。针对数学基础较为薄弱的学生进行评价时，要能够结合实际情况。

第九节 初中数学课堂教学中的教师评价

初中是数学学习的关键阶段，主要包括数学基础知识的学习，在数学课堂教学中，教学评价也至关重要，对教学质量具有直接性的影响。教师运用正确的教学评价方式，有利于激发学生的学习兴趣，构建更为和谐的教学环境，提倡人性化的评价模式，能对学生的数学水平做出全面而系统的评价，提高教学质量。为此，本节就初中数学课堂教学中的教师评价策略进行了分析与探究。

新时期，我国的教育事业得到了不断的发展，素质教育的提出，正是教育革新的象征。素质教育的提出，重在对小学生综合能力的培养，为社会的发展提供充足的应用型、复合型人才。数学作为初中阶段的重要课程，教学评价模式的开展至关重要，对学生数学课堂的表现进行全面的评价和判定，会对学生产生强烈的督促感与驱使性。但评价模式要遵循人性化的理念，强调教师评价的公平性，以提高教学质量。

一、初中数学课堂教学中教师评价的现状分析

（一）不够重视课堂评价

评价是对学生课堂能力、表现的评估与判定，对学生日常的学习生活具有积极影响。但是，目前在初中数学课堂教学中，课堂评价不够充分，对评价不够重视，很多教师只是注重追赶课程进度，课堂评价、学生课堂学习情况的反馈不够及时，是制约初中数学教学质量提升的一个重要因素。

（二）评价方式过于单一

通过对初中数学课堂教学现状的分析，了解到教师评价模式还存在着诸多的问题，导致教学评价质量不佳的主要原因是评价方式过于单一，数学课堂教学质量不高。在初中数学课堂中，教师评价时，对学生的能力一概而论，未根据学生的差异性与层次性进行目标性评价，是教师评价存在的主要弊端。很多教师只是采用"做得很棒""很好"等肯定性的评价，评价模式表现为单一性、无力性，甚至会让学生产生骄傲、自满的结果，非常不利于学生的成长。目前，初中数学课堂评价模式以终结性评价为主，只是根据课堂测试成绩来确定学生的能力，缺乏合理性，甚至会打击学生的学习积极性，对数学教学工作的开展产生不利影响。

（三）评价内容选择不合理

一般情况下，教师由于其职业能力与专业性能力的缺失，未将情感态度与价值观融入教学评价中，评价的依据、范围相对较窄，过于重视对学生最终数学成绩的评价。评价内容选择缺乏合理性，只是通过数学成绩来衡量是不合理且不明智的，违背了素质教育的要求，忽略了对学生创新意识、探究能力、实践操作能力、参与能力等的考查，考查标准过于死板，是亟待改善的一个重要方面。

二、初中数学课堂教学中教师评价模式的优化策略

（一）设置多元化评价标准，以提高数学课堂教学质量

新时期，随着教育事业的不断发展，教学理念、教学内容和教学模式的不断更新，教学评价模式也应顺应新时代教育的发展趋势，建立数学课堂多元化的评价标准与内容，全方位提升学生数学水平，以达到提高初中数学课堂教学水平的目的。传统的教师评价内容选择不够合理，存在着片面性，缺乏创新性与全面性。为此，对教师评价内容进行优化与创新，主张形成性与终结性评价的融合、肯定性与否定性评价的融合，运用多元化的评价方法，提倡多方面、多角度来评估学生，以达到理想的教学效果。

（二）设置多元化的评价内容

新课程标准的提出，重在学生的全面发展，应对学生进行全方位的评价，将学生的数学知识水平与个人素质进行全方位的评估。在数学课堂教学中，教师可以提前准备课堂档案，对学生的课堂表现及时记录，设定多个评价标准，以及时考评学生的能力。例如，在学习初中数学"全等级三角形"时，对本节课全等三角形性质、特点等知识的预习、学生的发言、回答问题、问题的正确率以及学生参与的积极性，均可作为重要的衡量标准，根据这些指标对学生的能力以及数学知识进行考查，可保证评价的公平性与全面性，对学生综合能力的提升具有积极影响。教师评价方式应遵循评价的民主性，注重选择灵活的评价方式，将考试与开放性评价相结合，一定能达到理想的教学效果。

（三）强化对评价结果的反馈

教学评价工作的开展，进行教师评价的同时，应及时地将评价的结果反馈给学生，注重评价结果的反馈，通过对反馈结果的分析，让学生了解到自身的不足，在教学评价中不断完善与提升自己，查漏补缺、取长补短，在数学课程学习中不断规范自己的行为。例如，在学习"二次函数"时，教师在课堂结束时，应就本节课的内容尽心验收，利用最后15分钟时间，通过学案的形式对学生进行评价与测验，然后对评价结果进行反馈，其中包含一次函数、反比例函数、正比例函数和学习的二次函数，将新知识作为重点考核对象。

三、健全数学课堂评价机制，实现能力的全面提升

初中数学课堂教师评价工作的开展，应健全数学课堂评价机制，将形成性评价与终结性评价相结合、肯定性评价与否定性评价相结合，构建更为完善的课堂评价制度。运用多元化的教学模式开展教学，运用创新性的教师评价模式来面对数学课堂，定会达到理想的效果。形成性评价是初中数学课堂评价中必不可少的元素，借助课堂日记与学生档案记录的方式来记录学生的课堂表现，可将其作为终极考核的评判标准与参考内容，记录学生课堂学习生活的点滴，保证形成性评价与终结性评价的相互融合，能给予学生最为公平的评价。另外，也可通过肯定性的评价方式对学生的表现进行肯定，给予学生足够的信心，一般采用表扬、称赞的方式。与此同时，也要采用否定式的评价模式，一般以给予相应建议与内容补充为主，能让学生的知识内容更为丰富，是教师评价人性化的体现。

综上所述，教学评价是数学教学中的重要组成部分，同时是衡量与评价学生数学成绩的重要依据，对初中数学教学水平的提升具有决定性的作用。我们通过对初中数学教师评价的现状分析，了解到教师评价模式还不够完善，制约着学生对数学的兴趣，为尽快改变此类状况，应将形成性评价与终结性评价相结合、肯定与否定性评价融合，教师应注重对评价时机的把握，对学生学习数学知识起到决定性的作用。

参考文献

[1] 蔡晓露. 论借鉴"融错"艺术促使数学课堂别开生面 [J]. 成才之路，2018(7)：93.

[2] 吴娟. 正视错误，凸显错误资源的教学价值 [J]. 小学时代（奥妙），2019(5)：41-42.

[3] 王军强. 初中数学教学中课堂提问的艺术略谈 [J]. 数学学习与研究，2020(4)：155.

[4] 张素红. 例谈初中数学课堂里的提问艺术 [J]. 数学之友，2019(6)：28-31.

[5] 林存华，郁琴芳. 课堂教学中"问题"资源的利用 [J]. 教学与管理，2004(3)：51-55.

[6] 王玉霞. 浅谈数学课堂提问的艺术 [J]. 中学数学杂志（高中版），2002(6)：7-8.

[7] 黄晓莉. 管中窥豹，"不止"一斑：浅谈初中数学新授课"引入"的技巧 [J]. 数学教学通讯，2019(8)：61.

[8] 刘春燕. 漫谈如何构建初中数学趣味性课堂 [J]. 数学学习与研究，2019(11)：138.

[9] 沈卫卫. 初中数学课堂学生倾听能力的培养和研究 [J]. 数学教学通讯，2019(23)：48.

[10] 王振仁. 如何构建初中数学"灵动"课堂 [J]. 学周刊，2019(32)：127.

[11] 祝晓霞. 探讨如何打造初中高效数学课堂 [J]. 中国校外教育，2018(26)：108.

[12] 张健. 在初中数学教学中兴趣教学法的应用探讨 [J]. 中国农村教育，2020(11)：84-85.

[13] 艾文华. 初中数学教学中问题教学法的应用研究 [J]. 西部素质教育，2019(6)：242.

[14] 张叶. 初中数学教学中问题教学法的应用分析 [J]. 教育观察，2019(8)：113-114.

[15] 相伟. 微课在初中数学课堂使用方法初探 [J]. 数学教学通讯，2016(17)：53-54.

[16] 王大前. 课堂链接微课，激发探究兴趣：论微课与初中数学课堂教学的有效整合 [J]. 数学教学通讯，2016(8)：12-13；54.

[17] 杜友林. 探析初中数学教学中培养学生的数学思维 [J]. 华夏教师，2017(2)：38.

[18] 陆宏伟. 初中数学教学中学生数学思维的培养 [J]. 理科爱好者，2015(1)：60.

[19] 中华人民共和国教育部. 义务教育数学课程标准（2011年版）[S]. 北京：北京师范大学出版社，2012.

[20] 郭思乐. 教育走向生本 [M]. 北京：人民教育出版社，2001.